David Gerginov

Die deutsche Schuldenbremse

Die Mär vom schuldenfreien Staat.
Politischer Wunsch und
rechtliche Wirklichkeit im Vergleich

Diplomica Verlag GmbH

Gerginov, David: Die deutsche Schuldenbremse: Die Mär vom schuldenfreien Staat.
Politischer Wunsch und rechtliche Wirklichkeit im Vergleich.
Hamburg, Diplomica Verlag GmbH 2013

Buch-ISBN: 978-3-8428-9502-7
PDF-eBook-ISBN: 978-3-8428-4502-2
Druck/Herstellung: Diplomica® Verlag GmbH, Hamburg, 2013

Bibliografische Information der Deutschen Nationalbibliothek:
Die Deutsche Nationalbibliothek verzeichnet diese Publikation in der Deutschen
Nationalbibliografie; detaillierte bibliografische Daten sind im Internet über
http://dnb.d-nb.de abrufbar.

Das Werk einschließlich aller seiner Teile ist urheberrechtlich geschützt. Jede Verwertung
außerhalb der Grenzen des Urheberrechtsgesetzes ist ohne Zustimmung des Verlages
unzulässig und strafbar. Dies gilt insbesondere für Vervielfältigungen, Übersetzungen,
Mikroverfilmungen und die Einspeicherung und Bearbeitung in elektronischen Systemen.

Die Wiedergabe von Gebrauchsnamen, Handelsnamen, Warenbezeichnungen usw. in
diesem Werk berechtigt auch ohne besondere Kennzeichnung nicht zu der Annahme,
dass solche Namen im Sinne der Warenzeichen- und Markenschutz-Gesetzgebung als frei
zu betrachten wären und daher von jedermann benutzt werden dürften.

Die Informationen in diesem Werk wurden mit Sorgfalt erarbeitet. Dennoch können
Fehler nicht vollständig ausgeschlossen werden und die Diplomica Verlag GmbH, die
Autoren oder Übersetzer übernehmen keine juristische Verantwortung oder irgendeine
Haftung für evtl. verbliebene fehlerhafte Angaben und deren Folgen.

Alle Rechte vorbehalten

© Diplomica Verlag GmbH
Hermannstal 119k, 22119 Hamburg
http://www.diplomica-verlag.de, Hamburg 2013
Printed in Germany

Mit Dank an

Anna

Inhaltsverzeichnis

1 **Einleitung** 1
   1.1 Fragestellung 3
   1.2 Aufbau 4
   1.3 Forschungsstand 6

2 **Funktion und Umsetzbarkeit der deutschen Schuldenbremse auf Bundesebene** 10
   2.1 Deutsche Schuldenpolitik der Bundesrepublik 10
      2.1.1 Die frühe Schuldenpolitik der BRD (1949-1967) 10
      2.1.2 Die große Finanzreform von 1969 11
      2.1.3 Schuldenstand und Reformpläne der Großen Koalition ab 2005 13
   2.2 Die Arbeit der Föderalismuskommission II 15
      2.2.1 Konstituierung und Zielsetzungen der Föderalismuskommission II .. 15
      2.2.2 Kommissionsarbeit und Vertiefung auf das Thema Schuldenbremse 22
         2.2.2.1 Das „Schweizer Modell" als Diskussionsgrundlage 23
         2.2.2.2 Einschätzungen der Sachverständigen zur Planung einer deutschen Schuldenbremse 29
         2.2.2.3 Das politische Klima während der Kommissionsarbeit 38
   2.3 Zur Beurteilung der Schuldenbremse auf Bundesebene 43
      2.3.1 Erläuterungen der Beschlussfassung im Grundgesetz und offene Fragen 43
      2.3.2 Sachstand zur Analyse der Wirksamkeit der Schuldenbremse 53
      2.3.3 Politische Positionen und Bewertungen der Schuldenbremse auf Bundesebene 61
   2.4 Zwischenfazit 66

3 **Funktion und Wirkung der Schuldenbremse auf das föderale System der Bundesrepublik** 68
   3.1 Zum Stand der Schuldenbremse in den Bundesländern 68
      3.1.1 Übersicht und Umsetzungsstand in den Ländern 68
      3.1.2 Widerstand gegen die Bundesbeschlüsse zur Schuldenbremse .. 72
   3.2 Zur Beurteilung der Schuldenbremse im Bund-Länder-Kontext 75
      3.2.1 Zur Frage der möglichen Störung des Föderalprinzips der BRD 75
         3.2.1.1 Vereinbarkeit der Schuldenbremse mit dem Grundgesetz aus Sicht der Forschung 76
         3.2.1.2 Weitere Auseinandersetzungen innerhalb der Kommission 83
      3.2.2 Mögliche Folgen für die Bundesländer nach 2020 85

4 **Schlussbetrachtung** 90

5	**Quellen und Literaturverzeichnis**	**93**
	5.1 Primärquellen	93
	5.2 Sekundärliteratur	98
6	**Abkürzungsverzeichnis**	**103**
7	**Anhang**	**105**
	7.1 Anhang 1	105
	7.2 Anhang 2	107
	7.3 Anhang 3 - Schaubilder	109

1 Einleitung

Während dieses Buch entsteht, tobt in Deutschland und Europa ein Kampf um die Vergemeinschaftung von nationalen und europäischen Schulden und die Frage, ob die europäische Währung nun Fluch oder Segen ist. Die nordeuropäischen Staaten fordern eine Politik der Sparsamkeit, der Süden drängt auf mehr Verschuldung – so einfach will es täglich die Presse. Dabei hat die europäische Politik, wie es scheint, in Windeseile so manche Maßnahme beschlossen deren abschließende Bewertung wohl erst in Jahren, wenn nicht Jahrzehnten möglich ist. Die prominentesten Schlagwörter sind sicherlich EFSF, ESM und Fiskalpakt, gerne auch als „Rettungsschirm" (EFSF/ESM) oder „Schuldenbremse für Europa" (Fiskalpakt) bezeichnet. Noch vor wenigen Jahren hätte niemand solche Maßnahmen für nötig gehalten, und doch sind sie im Rahmen der weltweiten Finanzkrise nötig geworden, um den Euro (vielleicht) zu retten. Allein zur Finanzkrise an sich und den unterschiedlichen europäischen Mechanismen gegen die Krise könnte man bereits jetzt Abhandlungen schreiben – Ansichten zum Für und Wider gibt es zuhauf –, doch keine hätte ein Fazit, denn dazu bräuchte es Ergebnisse, denen man vertrauen kann. Interessant wird es aber, wenn man es schafft, einzelne dieser Mechanismen unter ein nationales Brennglas zu legen – für EFSF und ESM ist dies allerdings kaum möglich.

Der Fiskalpakt hat prominente nationale Vorläufer: die Schweizer Schuldenbremse, wie auf deren Vorbild fußend die deutsche Schuldenbremse, die als „Exportmodell" für die Europäische Union gelten soll. Eingeführt 2009, auf dem Höhepunkt der Finanz- und Eurokrise, stellt sie die Bemühungen Deutschlands dar, konsequente Regeln für die staatliche Verschuldung aufzustellen, um dem „Opium des Staatshaushalts"[1] zu entkommen, dem Bund und Länder zu lange gefolgt sind. Auch weil sie ein kooperatives Element für Bund und Bundesländer darstellt, ist sie maßgeblich im Rahmen der Föderalismusreform II entstanden; die Pläne lagen aber bereits längst in der Schublade des damaligen Bundesfinanzministers Peer Steinbrück. Auffällig war und ist an der Schul-

---

[1] Isensee, Josef, Budgetrecht des Parlaments zwischen Schein und Sein, in: Juristenzeitung Bd. 20 (2005), S. 971-981, S. 974 f.

denbremse, dass sie – zumindest unter Politikern[2] und Sachverständigen – ein noch immer heiß umkämpftes Pflaster ist. Von den Befürwortern als „Sternstunde des kooperativen Bundesstaates"[3], „fundamentale Weichenstellung"[4] oder „verfassungspolitischer Meilenstein"[5] gelobt, wurde sie von den Gegnern als „schwarzer Tag für die Handlungsfähigkeit des Staates"[6], „dramatischer Blödsinn"[7] oder „fremdbestimmter Eingriff"[8] gebrandmarkt. Auch in der Wissenschaft bleibt sie umstritten: Laut einer Umfrage der *Financial Times Deutschland* und des Vereins für Socialpolitik (VfS) hält eine Mehrheit (55,9 Prozent) von befragten Wissenschaftlern die Schuldenbremse nur für eine bedingt geeignete Maßnahme. Jeder Vierte findet sie sogar uneingeschränkt ungeeignet.[9] Andere wiederum halten solchen Umfragen entgegen, die „Schuldenbremse ist ein wunderbares Instrument"[10] zur Begrenzung der Staatsschulden. Wenn es um den Schuldigen der Verschuldung geht, sind sich, wiederum sowohl Befürwörter, wie Gegner der Schuldenbremse schnell einig: Die Politik und ihr mangelnder verantwortlicher Umgang mit Geld ist schuld an der Misere. Zum Beispiel schreibt Robert von Weizsäcker:

> „empirisch nur schwer widerlegbare These könnte dann lauten, dass die merklichen Ausgaben insbesondere kurz vor den Wahlterminen angehoben werden, um Wählerstimmen zu gewinnen und dass diese Leistungen mit

---

[2] Aus Gründen der besseren Lesbarkeit wird auf die gleichzeitige Verwendung männlicher und weiblicher Sprachformen verzichtet. Sämtliche Personenbezeichnungen gelten gleichwohl für beiderlei Geschlecht.
[3] Bannas, Günter, „Echter Durchbruch" oder „finanzpolitischer Irrsinn" – „Trauerspiel" oder „Sternstunde?", online abrufbar: http://www.faz.net/aktuell/politik/inland/reaktionen-auf-schuldenbremse-echter-durchbruch-oder-finanzpolitischer-irrsinn-trauerspiel-oder-sternstunde-1773140.html (Stand: 10.09.2012).
[4] Ebd.
[5] Ebd.
[6] Pressemitteilung, DGB, Matecki: Schwarzer Tag für die Handlungsfähigkeit des Staates, online abrufbar: www.dgb.de/presse/++co++07d6325c-1561-11df-4ca9-00093d10fae2 (Stand: 06.09. 2012)
[7] Deutsche Presse-Agentur, SPD-Linke gegen Schuldenbremse, online abrufbar: www.fr-online.de/politik/medien-spd-linke-gegen-schuldenbremse,1472596,3424908.html (Stand: 06.09. 2012).
[8] Spiegel Online, Bundesrat beschließt Schuldenbremse, online abrufbar: www.spiegel.de/politik/deutschland/grundgesetzaenderung-bundesrat-beschliesst-schuldenbremse-a-630084.html (Stand: 06.09.2012).
[9] Pressemitteilung, OTS, Schuldenbremse im Grundgesetz unter Ökonomen umstritten, online abrufbar: www.wiwi-treff.de/home/index.php?mainkatid=1&ukatid=1&sid=9&artikelid=5404&pagenr=0 (Stand: 02.09.2012).
[10] Feld, Lars, Die Schuldenbremse ist ein wunderbares Instrument, in: Kastrop, Christian/Meister-Scheufelen, Gisela/Sudhof, Margaretha (Hrsg.), Die neuen Schuldenregeln im Grundgesetz. Zur Fortentwicklung der bundesstaatlichen Finanzbeziehung (Schriften zur öffentlichen Verwaltung und öffentlichen Wirtschaft), Berlin 2010, S. 168-171, S. 168.

unmerklichen Einnahmearten – vorzugsweise der Staatsverschuldung – finanziert werden, um keine Wähler zu verlieren."[11]

Trifft diese These zu, muss man wohl zu Recht beunruhigt sein und geradezu auf eine Schuldenbremse, wie sie heute in der Verfassung steht, pochen. Auch die Mehrheit der Deutschen selbst scheint das so zu sehen: Einer Studie[12] des Deutschen Wirtschaftsrats zufolge wollen 66 Prozent eine Schuldenbremse im Grundgesetz. Der „Arbeitssieg"[13] der Föderalismusreform II sollte damit eigentlich einen besseren Ruf genießen, als es in der Debatte manchmal den Schein hat, – der „Goldene[r] Zügel"[14] berechtigt eng gefasst werden können, um der Verschuldung endlich Herr zu werden.. Oder ist die Schuldenbremse ein listiges Placebo der Politik, dazu auserkoren neuen Sand in die Augen der Bürger zu streuen und eine Verschuldung über Umwege möglich zu machen und vielleicht sogar den sowieso scheinbar ungeliebten Föderalismus abzuschaffen? Hält die Bremse also, was sie verspricht? Und begrenzt sie Schulden für Bund und Länder wirksam? Ja, darf sie überhaupt Schuldengrenzen für die Länder festlegen? Das sind die Fragen, die bei genauerer Betrachtung der „Wetterwende"[15] in der Finanzpolitik aufkommen, und am Ende auch in Europa Widerhall finden werden. Denn kann ein Fiskalpakt, der auf den Regeln eines Placebos fußt, funktionieren? Die nationale Analyse könnte mögliche Antworten auf diese Fragestellungen liefern.

1.1 Fragestellung

Die Untersuchung innerhalb dieses Buchs beschäftigt sich mit der wichtigen Frage der Staatsverschuldung in der Bundesrepublik Deutschland. Es ist nicht das erste Mal, dass sich Deutschland der Frage nach Aufnahme und Tilgung von Schulden stellen muss. Zu unterschiedlichen Zeiten in der deutschen Geschichte kamen verschiedene Regierungen

---

[11] Von Weizsäcker, Robert K., Repräsentative Demokratien und öffentliche Verschuldung: Ein strategisches Verhängnis, in: Baus, Ralf Thomas/Eppler, Annegret/Wintermann, Ole (Hrsg.), Zur Reform der föderalen Finanzverfassung in Deutschland. Perspektiven für die Föderalismusreform II im Spiegel internationaler Erfahrungen (Schriftenreihe des Europäischen Zentrums für Föderalismus-Forschung), Baden-Baden 2008, S. 87-97, S. 90.
[12] Vgl. Studie des Deutschen Wirtschaftsrats (2008), Wirtschaftspuls, zitiert nach: de.statistia.com, online abrufbar: http://de.statista.com/statistik/printstat/3031/ (Stand: 02.09.2012).
[13] Kastrop, Christian/Meister-Scheufelen, Gisela/Sudhof, Margaretha (Hrsg.), Die neuen Schuldenregeln im Grundgesetz. Zur Fortentwicklung der bundesstaatlichen Finanzbeziehung (Schriften zur öffentlichen Verwaltung und öffentlichen Wirtschaft), Berlin 2010, S. 5.
[14] Reiermann, Christian, Goldener Zügel, in: Der Spiegel, Jg. 7 (2009), S. 80.
[15] Gathmann, Florian, Seehofer preist „Wetterwende" in der Finanzpolitik, online abrufbar: http://www.spiegel.de/politik/deutschland/einigung-zur-schuldenbremse-seehofer-preist-wetterwende-in-der-finanzpolitik-a-605954.html (Stand: 29.08.2012).

und Bündnisse hierbei zu verschiedenen Ergebnissen, auf die im Verlauf dieser Untersuchung ebenfalls kurz eingegangen werden soll.

Das Hauptaugenmerk dieses Buchs soll aber keineswegs auf die Vergangenheit gerichtet sein, sondern auf die durch die deutsche Politik mittels der Föderalismusreform II vollzogene Implementierung einer Schuldenbremse in das deutsche Grundgesetz und ihre möglichen Folgen.

In Literatur und Forschung bereits kritisch hinterfragt, soll dieses Buch einen Überblick liefern zu der zentralen Frage, wie sinnvoll eine Schuldenbremse nach deutscher Machart sein kann. Dabei wird zwei zentralen Fragen nachgegangen:

Einerseits soll die praktische Durchführung einer Schuldenbremse für den Bund im Fokus stehen. Andererseits soll betrachtet werden, welche Folgen eine solche Schuldenbremse und ihr implizites Schuldenverbot für das föderale System der Bundesrepublik haben kann und ob – nach aktueller Einschätzung – sie überhaupt ein justiziables Mittel für Bund und Länder darstellt.

1.2 Aufbau

Um der aufgeworfenen Hauptfragestellung nachgehen zu können, gliedert sich diese Untersuchung in zwei Hauptteile. Dabei wird zunächst der Verhandlungsprozess sowie die Schuldenbremse auf Bundesebene betrachtet, um anschließend ihre Auswirkungen auf die Länder ins Blickfeld zu rücken.

Im ersten Teil (Kapitel 2) wird zunächst die Funktion und Umsetzbarkeit einer deutschen Schuldenbremse auf Bundesebene untersucht. Dabei wird im Kapitel 2.1 die bisherige Schuldenpolitik der Bundesrepublik kurz dargelegt und geprüft. Maßgeblich sind hierbei die Positionen zur Verschuldung der Republik zu ihrer Gründung 1949 (Kapitel 2.1.1) und die Weiterentwicklung unter der großen Finanzreform des Jahres 1969 (Kapitel 2.1.2). Zum Abschluss wird das politisch-wirtschaftliche Umfeld nach der Bildung der zweiten Großen Koalition von 2005 betrachtet, um den Hintergrund für die Idee einer neuen Fiskalpolitik zu erläutern (Kapitel 2.1.3).

Im darauffolgenden Kapitel 2.2 wird vor allem Bezug auf die Arbeit der Föderalismuskommission II genommen, die für die Erarbeitung der später eingebrachten Beschlussfassung der Schuldenbremse im Grundgesetz verantwortlich war. Dabei wird zunächst ein Blick auf die grundsätzlichen Vorhaben der Föderalismuskommission II geworfen (Kapitel 2.2.1) und danach in die Kommissionsarbeit zum Thema „Schuldenbremse" eingestiegen (Kapitel 2.2.2). Innerhalb dieses Kapitels wird zunächst die Schweizer Schuldenbremse untersucht, die als Grundlage für die Schuldenbremse in der deutschen Verfassung gilt (Kapitel 2.2.2.1). Hierbei gilt es auch die Frage zu klären, worin die Unterschiede zum deutschen Modell liegen und ob – nach bisherigem Erkenntnisstand – das Schweizer Modell funktioniert.

Nachdem Grundlagen und Aufbau geklärt sind, wird Kapitel 2.2.2.2 die Meinungen des Sachverständigenrats einbeziehen, der seinerzeit über die Möglichkeit einer Schuldenbremse innerhalb der deutschen Verfassung gehört wurde. Interessant wird hierbei Für- und Widerspruch zum Modell der Schuldenbremse sein. Zuletzt soll im Kapitel 2.2.2.3 ein Augenmerk auf die Zusammenarbeit in der Kommission gelegt werden. Die Frage nach Bündnissen und grundsätzlicher Zufriedenheit oder Ablehnung innerhalb der Arbeit der Kommission sowie auch teilweise nach den Befindlichkeiten Einzelner werden hierbei von Belang sein.

Danach soll im Kapitel 2.3 die Schuldenbremse auf Bundesebene genauer beurteilt werden. Hierbei wird als Erstes die Beschlussfassung im Grundgesetz kommentiert und erläutert (Kapitel 2.3.1). Danach wird auf Analysen und Untersuchungen aus der Wissenschaft eingegangen (Kapitel 2.3.2), um einer möglichen Beurteilung der Wirksamkeit der Schuldenbremse näher zu kommen. Abgerundet wird diese Analyse mit einem Blick auf die Ansicht der politischen Akteure zum Thema Schuldenbremse nach deren Verabschiedung von 2009 (Kapitel 2.3.3).

Im Zwischenfazit (Kapitel 2.4) wird Bilanz gezogen zur Wirksamkeit der Schuldenbremse auf Bundesebene, wie sie sich in der aktuellen Beurteilung darstellt.

Im zweiten Teil (Kapitel 3) schließt sich die Untersuchung über die Wirksamkeit der Schuldenbremse in den Bundesländern an und geht der Frage nach, ob die gewählte Art der Schuldenbremse den föderalen Strukturen der Bundesrepublik schadet, möglicherweise gar in Teilen verfassungswidrig ist.

Hierzu wird zunächst im Kapitel 3.1 untersucht, wie der aktuelle Stand der Umsetzung in den Bundesländern ist. Zur Vertiefung und Vergleichbarkeit wird hierbei im Kapitel 3.1.1 eine tabellarische Übersicht das Thema genauer darstellen. In Kapitel 3.1.2 wird dann der Frage nach offenem Widerstand gegen die Schuldenbremse auf Landesebene nachgegangen.

Kapitel 3.2 beschäftigt sich mit der genaueren Evaluierung des Themas. Dabei wird in Kapitel 3.2.1 der Frage nach einer möglichen Störung des Föderalprinzips der Bundesrepublik durch eine Begrenzung der Verschuldung der Länder auf Bundesebene nachgegangen.

In Kapitel 3.2.1 wird es dabei zunächst um die Vereinbarkeit der Schuldenbremse mit dem Grundgesetz aus Sicht der Forschung gehen (Kapitel 3.2.1.1), die ohne ein bisheriges Urteil des Bundesverfassungsgerichts sehr unterschiedlich beurteilt wird. Im weiteren Verlauf (Kapitel 3.2.1.2) wird zu klären sein, wie die Kommission sich selbst mit diesem Thema beschäftigt hat und zu welchem Urteil sie gekommen ist.

In Kapitel 3.2.2 folgt ein Ausblick über die möglichen Auswirkungen und Entscheidungen hinsichtlich der finalen Einführung der Schuldenbremse nach 2020, da bis zu diesem Zeitpunkt noch eine Übergangsfrist greift.

In der Schlussbetrachtung (Kapitel 4) wird ein vorläufiges Fazit über den Stand der deutschen Schuldenpolitik gezogen und der Frage nachgegangen, ob eine grundgesetzlich verankerte Schuldenbremse nach aktueller Kenntnis das beste Mittel zur Budget-Kontrolle innerhalb der Bundesrepublik ist, oder ob das Finanzinstrument nicht doch eher hinderlich ist für Politik, Wirtschaft und den deutschen Staat.

1.3 Forschungsstand

Ob und wie eine Schuldenbremse nach deutschem Modell funktionieren kann, darüber gibt es bisher keinen gesicherten Forschungsstand. Dies liegt sicherlich auch daran, dass das Mittel in seiner Erprobung noch recht jung ist. Auch wenn im Ausland – wie etwa der Schweiz oder nun auch Italien[16] – mit entsprechenden Instrumenten gearbeitet wird, ist das jeweilige Modell immer nur schwer übertragbar. In diesem Punkt sind sich alle Parteien einig, die eine Position und Evaluation zu der Thematik entwickelt haben. Als federführende Kritiker in der Auseinandersetzung haben sich vor allem unabhängige Wirtschaftswissenschaftler[17] hervorgetan, wie auch verschiedene deutsche Wirtschaftsinstitute, die Bedenken gegenüber einer stabilen Wirtschaftspolitik in Folge einer Schuldenbremse äußern[18].

Dementgegen stehen aber auch zahlreiche Sammelbände und Monographien, die eine Schuldenbremse für den einzigen Weg halten, die Ausgaben des Parlaments zu beschränken und die für eine Einhaltung des Generationenvertrags plädieren.[19]

In aller Ausführlichkeit beschäftigt sich vor allem der Sammelband von Christian Kastrop, Gisela Meister-Scheufelen und Margaretha Sudhof mit der deutschen Schuldenbremse und ihrer Umsetzung.[20] Darin kommen auch zahlreiche Mitglieder der Kommission zu Wort, die ihre Sicht der Dinge schildern.

Mehr Einblick und Aufschluss bieten in dieser Form nur die nachträglich veröffentlichten Unterlagen der Föderalismuskommission II.[21] Für die Auseinandersetzung mit

---

[16] RPO, Italienischer Senat, Abschließend für die Schuldenbremse gestimmt, online abrufbar: http://www.rp-online.de/politik/eu/abschliessend-fuer-schuldenbremse-gestimmt-1.2796308 (Stand: 17.07.2012).

[17] Vgl. dazu den „Brandbrief" gegen die Schuldenbremse: Bofinger, Peter/Horn, Gustav, Die Schuldenbremse gefährdet die gesamtwirtschaftliche Stabilität und die Zukunft unserer Kinder, online abrufbar: http://www.boeckler.de/pdf/imk_appell_schuldenbremse.pdf (Stand: 20.08.2012). Auch als scharfer Kritiker hervorgetan hat sich Hans-Peter Schneider, der einen Eingriff in die Haushaltsautonomie der Länder durch die Schuldenbremse als gegeben sieht: Schneider, Hans-Peter, Die Haushaltswirtschaft der Länder – Verfassungsrechtliche Grenzen einer „Schuldenbremse", online abrufbar: http://www.nachdenkseiten.de/upload/pdf/0905060_hans_peter_schneider_schuldenbremse.pdf (Stand: 10.09.2012).

[18] Die Argumentationen der Wirtschaftsinstitute gegen eine Schuldenbremse fließen maßgeblich in Kapitel 2.3.2 ein.

[19] Vgl. u.a. Baus/Eppler/Wintermann, Zur Reform der föderalen Finanzverfassung, a.a.O., oder Kastrop/Meister-Scheufelen/Sudhof, Die neuen Schuldenregeln im Grundgesetz, a.a.O., später auch: Buscher, Daniel, Der Bundesstaat in Zeiten der Finanzkrise. Ein Beitrag zur Reform der deutschen Finanz- und Haushaltsordnung (Föderalismusreform) (Schriften zum Öffentlichen Recht), Berlin 2010.

[20] Kastrop/Meister-Scheufelen/Sudhof, Die neuen Schuldenregeln im Grundgesetz, a.a.O.

[21] Vgl. hierzu die durch Bundesrat und Bundestag bereitgestellten Tagesordnungen, Arbeitsunterlagen, Kommissionsdrucksachen und Protokolle der Föderalismuskommission II, online abrufbar: http://webarchiv.bundestag.de/cgi/show.php?fileToLoad=1374&id=1136 (Stand: 12.09.2012). Wie auch die Publikation der Ergebnisse in: Deutscher Bundestag und Bundesrat, Die gemeinsame

diesem Thema sind diese Primärquellen unerlässlich, da in ihnen nicht nur Politiker, sondern auch Akteuren aus der Wissenschaft zu Wort kommen.[22]

Auch sind viele wirtschaftswissenschaftliche Aufsätze zum Thema von Belang und Interesse, wenn es um die tatsächliche Berechnung und Ausführung der Schuldenbremse geht.[23] Da diese Untersuchung sich aber zum großen Teil auf die politischen Aspekte der Schuldenbremse und ihre Wirkung erstreckt, fließen diese Quellen nur begrenzt und am Rande ein. Bei aller untersuchten Literatur ist festzustellen, dass die Autoren und Analysen den Ausgang bzw. die Wirkung der Schuldenbremse nur vorläufig beurteilen können. Für eine wirkliche Evaluation fehlt die empirische Erfahrung mit dem Instrument. Vor diesem Hintergrund ist es von manchen Autoren[24] fahrlässig, die Funktion der Schuldenbremse ohne Wenn und Aber in Zweifel zu ziehen. Folgerichtig kann man bei der Analyse der Wirkung der Schuldenbremse für den Bund bis mindestens in das Jahr 2020 nur begrenzt von gesetzten Erkenntnissen sprechen.

Anders verhält es sich bei der Literatur zur Beeinflussung des Föderalismus durch die deutsche Schuldenbremse. Autoren wie der Politikwissenschaftler Roland Sturm weisen hier nicht ohne Recht auf die Verengung des deutschen Föderalismus hin.[25] Auch dreht sich diese Debatte in der Forschung vor allem um den Aspekt der mehr und

---

Kommission von Bundestag und Bundesrat zur Modernisierung der Bund-Länder-Finanzbeziehungen. Die Beratungen und ihre Ergebnisse, Berlin 2010.

[22] Vgl. dazu zum Beispiel die Öffentliche Anhörung „Finanzthemen" im Rahmen der 4. Sitzung der Föderalismuskommission II: Kommission von Bundestag und Bundesrat zur Modernisierung der Bund-Länder-Finanzbeziehungen, Kommissionsprotokoll. Stenografischer Bericht. 4. Sitzung, Berlin 22. Juni 2007.

[23] Vgl. u.a. Müller, Christian/Hartwig, Jochen/Frick, Andreas, Eine Schuldenbremse für den deutschen Bundeshaushalt. Ein Vorschlag zur Reform der Haushaltsgesetzgebung, in: Kommission von Bundestag und Bundesrat zur Modernisierung der Bund-Länder-Finanzbeziehungen, K-Drs. 038, Berlin 2007. Oder auch: Truger, Achim/Will, Henner, Gestaltungsanfällig und pro-zyklisch. Die deutsche Schuldenbremse in der Detailanalyse, online abrufbar: http://www.boeckler.de/pdf/p_imk_wp_88_20121.pdf (Stand: 12.08.2012).

[24] Vgl. Horn, Gustav A./Truger, Achim/Proaño, Christian, Stellungnahme zum Entwurf eines Begleitgesetzes zur zweiten Föderalismusreform BT Drucksache 16/12400 Und Entwurf eines Gesetzes zur Änderung des Grundgesetzes BT Drucksache 16/12410, online abrufbar: http://www.boeckler.de/pdf/pb_imk_05_2009.pdf (Stand: 12.08.2012). Die darin gewählte Argumentation zielt allein darauf ab, die Schuldenbremse aufgrund eigener Annahmen von Berechnungsmodellen als sinnlos zu verwerfen. Ein Gegentest, ob – wenn Parameter anders gewählt würden – die Schuldenbremse funktionieren könnte, wird nicht angestrebt. Das Urteil ist dadurch relativ einseitig.

[25] Vgl. Sturm, Roland, Verfassungsrechtliche Schuldengrenzen im Föderalismus, in: Hrbek, Rudolf/Bußjäger, Peter (Hrsg.), Finanzkrise, Staatsschulden und Föderalismus – Wege der Krisenbewältigung (Occasional Papers), Tübingen 2011, S. 55-69.

mehr abgeschafften Budgethoheit der Bundesländer und die fragliche grundgesetzliche Legitimierung dieser Praxis.[26]

Für die Gesamtheit des Themas „Schuldenbremse" darf sicherlich innerhalb der nächsten Jahre mit noch deutlich mehr Literatur gerechnet werden, die auf Erfahrung mit der Schuldenbremse zurückblicken kann, ohne nur mögliche Erwartungen und Probleme aufzuzeigen.

---

[26] Besonders zweifelt die Forschung an Artikel 109 Grundgesetz, der die Fiskalregeln der Schuldenbremse auch als Maxime für die Länder festlegt. Aufgrund eines fehlenden Urteils, ob diese Praxis mit der Verfassung in Einklang steht, liegen viele wissenschaftliche Thesen dazu vor.

2 Funktion und Umsetzbarkeit der deutschen Schuldenbremse auf Bundesebene

2.1 Deutsche Schuldenpolitik der Bundesrepublik

Die Frage nach der richtigen Fiskalpolitik ist keine neue, und in der Vergangenheit sind auf die gleichen Fragen oft unterschiedliche Antworten gegeben worden. Alle Entwicklungen an dieser Stelle zu erklären, wäre im Rahmen dieser Untersuchung unverhältnismäßig. Es ist jedoch geboten, auf die Vorentwicklungen der Schuldenbremse einzugehen, um den Gesamtzusammenhang und die Entwicklung in Deutschland zu verstehen.

2.1.1 Die frühe Schuldenpolitik der BRD (1949-1967)

Als die Bundesrepublik 1949 frisch aus der Taufe gehoben war und das Grundgesetz verabschiedet, gab sich der junge Staat zunächst ein faktisches Schuldenverbot[27] mit engen Grenzen. Dabei gingen die „neuen" Regeln auf „Traditionsgut der deutschen Verfassungen"[28] aus dem 19. Jahrhundert und ihre beschränkte Fortentwicklung in der Weimarer Zeit zurück.[29]

---

[27] Vgl. Artikel 115 Grundgesetz in der Fassung von 24. Mai 1949 - 13. Mai 1969: „[1] Im Wege des Kredites dürfen Geldmittel nur bei außerordentlichem Bedarf und in der Regel nur für Ausgaben zu werbenden Zwecken und nur auf Grund [sic!] eines Bundesgesetzes beschafft werden. [2] Kreditgewährungen und Sicherheitsleistungen zu Lasten des Bundes, deren Wirkung über ein Rechnungsjahr hinausgeht, dürfen nur auf Grund [sic!] eines Bundesgesetzes erfolgen. [3] In dem Gesetze muß [sic!] die Höhe des Kredites oder der Umfang der Verpflichtung, für die der Bund die Haftung übernimmt, bestimmt sein.", zitiert nach: lexetius.com, Grundgesetz für die Bundesrepublik Deutschland vom 23. Mai 1949. X. Das Finanzwesen Artikel 115, online abrufbar: http://lexetius.com/GG/115#2 (Stand: 12.08.2012).

[28] Vgl. Korioth, Stefan, Stellungnahme zum Entwurf eines Vierten Gesetzes zur Änderung der Verfassung des Landes Mecklenburg-Vorpommern, online abrufbar: http://www.landtag-mv.de/fileadmin/media/Dokumente/Ausschuesse/Europa-_und_Rechtsausschuss/Stellungnahmen_Schuldenbremse/Stellungn_Korioth-Uni-M%C3%BCnchen.pdf (Stand: 12.07.2012), S. 1.

[29] Vgl. Dönnebrink, Elmar/Erhardt, Martin/Häppner, Florian/Sudhof, Margaretha, Entstehungsgeschichte und Entwicklung des BMF-Konzepts, in: Kastrop, Christian/Meister-Scheufelen, Gisela/Sudhof, Margaretha (Hrsg.), Die neuen Schuldenregeln im Grundgesetz. Zur Fortentwicklung der bundesstaatlichen Finanzbeziehung (Schriften zur öffentlichen Verwaltung und öffentlichen Wirtschaft), Berlin 2010, S. 22-46, S. 28.

Der gewählte Weg beachtete weder konjunkturelle Fluktuationen noch langfristige Investitionssummen, die in späteren Jahren nötig wurden. An dieser Stelle sei etwa die Wiedervereinigung oder der Kampf gegen die Ölkrise in den 1970er Jahren genannt.

Die Bundesrepublik folgte strikt dem System des „balanced budget", also der Wahrung eines Gleichgewichts zwischen Ausgaben und Einnahmen. Man muss dazu sagen, dass dieser Weg in den ersten zwanzig Jahren nach Gründung der Bundesrepublik auch funktioniert hat. Die Beschaffung von Krediten spielte zunächst keine große Rolle, die öffentlichen Haushalte konnten in den ersten Jahren sogar nennenswerte Überschüsse erzielen, die der erste Bundesminister für Finanzen, Frank Schäffer, als Rücklage einbehielt. Sicherlich „profitierte" die Bundesrepublik in dieser Zeit vor allem von den Aufgaben des Wiederaufbaus, die für hohe Arbeitskraftnachfrage sorgten und zugleich durch fortschreitende Technik vorangetrieben wurden – eine Entwicklung, die mehr oder minder einmalig bleiben sollte und heute als „Wirtschaftswunder" bekannt ist.

In dieser Zeit konnte sich die Frage nach hohen Investitionskrediten für den Staat also gar nicht stellen. Zugleich bleibt damit unklar, ob die ersten Fiskalregeln des Grundgesetzes nicht vielleicht sogar langfristig hätten funktionieren können, wenn sie wirklichen Belastungen ausgesetzt worden wären.[30]

2.1.2 Die große Finanzreform von 1969

Die Politik einer statischen Schuldenbremse stieß – aus politischer Sicht – im Verlauf der 1960er Jahre immer mehr an ihre Grenzen, da das Bedürfnis nach höheren Investitionen und höheren Schulden, die zum Teil auch weit in die Zukunft reichten, immer größer wurde. Dies hing unter anderem mit der aufkommenden ersten Rezession nach 1945 zusammen, der das Bündnis aus CDU/CSU und FDP schließlich mit den herkömmlichen Methoden nicht Herr werden konnte. Am Streit über neue Steuererhöhungen zerbrach schließlich die schwarz-gelbe Koalition und machte Platz für die erste Große Koalition in der bundesdeutschen Nachkriegsgeschichte.

---

[30] Vgl. Korioth, Stellungnahme zur Gesetzesänderung der Verfassung Mecklenburg-Vorpommerns, a.a.O., S. 1.

1966 kam es innerhalb der Großen Koalition zur „Kommission für die Finanzreform" und zu grundlegenden Änderungen in der Fiskalpolitik durch die Bundesminister Karl Schiller und Franz-Josef Strauß.[31] Der Grundsatz war nun nicht länger ein Schuldenverbot, sondern die Kopplung der zulässigen Neuverschuldung an die Höhe der staatlichen Brutto-Investitionen.[32] Die Maßnahmen der sogenannten „Goldenen Regel" hatten bis zur Verabschiedung der Vorschläge der Föderalismuskommission II 2009 Bestand und fußte inhaltlich vor allem auf Annahmen des britischen Ökonomen John Maynard Keynes, der eine aktive Konjunkturpolitik empfahl.

Mit dieser Entscheidung „etablierte das Grundgesetz die antizyklische, diskretionäre Fiskalpolitik keynesianischer Prägung"[33], die vor allem für die Einmischung des Staats in die wirtschaftliche Entwicklung nach eigenem Ermessen stand, damit aber auch Haus und Hof für eine hohe Verschuldung in allen Bereichen öffnete.[34] Ausschlaggebend dafür war auch der zweite Satz des Artikels 115 Grundgesetz:

> „[…] Ausnahmen sind nur zulässig zur Abwehr einer Störung des gesamtwirtschaftlichen Gleichgewichts."

Ausnahmen von der Regel sind sicherlich eine sinnvolle und auch nötige Maßnahme innerhalb eines Verfassungstexts. Sie können aber dazu beitragen, dass sie häufiger genutzt werden als die eigentliche Begrenzung, die vorgesehen ist. Denn was „Störung des gesamtwirtschaftlichen Gleichgewichts" bedeutet, legt vor allem die herrschende Riege an Politikern fest und kann somit recht frei gestalten. Die Politik der „Goldenen

---

[31] Vgl. Dönnebrink u.a., Entstehungsgeschichte und Entwicklung des BMF-Konzepts, a.a.O., S. 24 f.
[32] Vgl. Artikel 115 Grundgesetz in der Fassung von 13. Mai 1969 - 1. August 2009 legt fest: „(1) [1] Die Aufnahme von Krediten sowie die Übernahme von Bürgschaften, Garantien oder sonstigen Gewährleistungen, die zu Ausgaben in künftigen Rechnungsjahren führen können, bedürfen einer der Höhe nach bestimmten oder bestimmbaren Ermächtigung durch Bundesgesetz. [2] Die Einnahmen aus Krediten dürfen die Summe der im Haushaltsplan veranschlagten Ausgaben für Investitionen nicht überschreiten; Ausnahmen sind nur zulässig zur Abwehr einer Störung des gesamtwirtschaftlichen Gleichgewichts. [3] Das Nähere wird durch Bundesgesetz geregelt. (2) Für Sondervermögen des Bundes können durch Bundesgesetz Ausnahmen von Absatz 1 zugelassen werden.", zitiert nach: lexetius.com, Grundgesetz für die Bundesrepublik Deutschland vom 23. Mai 1949. X. Das Finanzwesen Artikel 115, online abrufbar: http://lexetius.com/GG/115#2 (Stand: 12.08.2012).
[33] Dönnebrink u.a., Entstehungsgeschichte und Entwicklung des BMF-Konzepts, a.a.O., S. 24.
[34] Vgl. Dönnebrink u.a., Entstehungsgeschichte und Entwicklung des BMF-Konzepts, a.a.O., S. 26: Die Autoren kritisieren hier unter anderem, dass neue Schulden beispielsweise für den Erwerb von Straßenschildern oder Schutzwesten aufgenommen wurden, statt dafür Posten im Haushalt einzuplanen. Der Wille zur Verschuldung zog vernunftswidrig in jeden Bereich der Politik ein.

Regel" fand damit in der Bundesrepublik nach 1969 sehr guten Anklang, sorgte aber auch für zahlreiche Schulden, die eine Reform im Jahr 2009 nötig werden ließen.

Mit Blick auf die Frage der Einschränkung des Föderalismus muss an dieser Stelle auch auf eine weitere Entwicklung der Reform von 1969 kurz eingegangen werden. War 1949 noch klar davon ausgegangen worden, dass Bund und Länder in vielen Fragen rein autonom voneinander handeln, schränkten die Reformen von 1969 dies ein. Zwar erhielten die Bundesländer durch den Ausbau von Zuständigkeiten erweiterte kooperative Befugnisse, gleichzeitig wurden sie jedoch enger an den Bund gebunden.[35] Schon während der Verhandlungen zum neuen Verbundsystem monierten die damaligen Ministerpräsidenten diese Entwicklung. So erklärte Bayerns damaliger Ministerpräsident Alfons Goppel, „die Länderregierungen [würden] ... zu weisungsgebundenen Vollzugsorganen des Bundes"[36] degradiert. Die Bundesländer verloren mit Inkrafttreten der Gemeinschaftsaufgaben von Bund und Ländern ab 1. Januar 1970 erstmals seit der Gründung der Bundesrepublik an Eigenständigkeit und wurden enger an den Bund gebunden.

2.1.3 Schuldenstand und Reformpläne der Großen Koalition ab 2005

Die Schuldenregeln der Bundesrepublik, wie sie 1969 beschlossen worden sind, haben lange Bestand gehabt, waren aber auch zwischenzeitlich immer wieder reger Kritik ausgesetzt. So hat das Bundesverfassungsgericht in zwei grundlegenden Urteilen[37] bereits darauf hingewiesen, dass der Grundsatz der „Goldenen Regel" vor allem verlange, dass öffentliche Haushalte ohne Kreditaufnahme auszugleichen sind und aufgenommene Kredite getilgt werden müssten, statt diese immer weiter zu verschleppen. Auch weist das Verfassungsgericht mit Blick auf die „Störung des gesamtwirtschaftlichen Gleichgewichts"-Klausel darauf hin, dass eben diese nicht bei jeder Gelegenheit angewendet werden dürfe, sondern tatsächlich nur bei hohen Begründungsanforderungen. Sicherlich sind Beispiele wie die Abwendung einer Rezession oder die Wiedervereinigung ein Grund zur Aufnahme von neuen Schulden, – die grundsätzliche Verschul-

---

[35] Vgl. Gross, Rolf, Finanzreform und föderalistischer Staatsaufbau, in: Gewerkschaftliche Monatshefte Bd. 10 (1967), S. 599-602.
[36] Der Spiegel, Gefährliches Geld, Bd. 37 (1967), S. 26.
[37] BVerfGE 79, 311; 119, 96.

dung mit dem Ziel, Schulden durch Schulden zu tilgen, aber sicherlich nicht. Damit attestiert das Bundesverfassungsgericht – wie auch spätere Kritiker – der Politik eine maßgeblich schlechte Einnahmen- und Ausgabenpolitik.

Man muss jedoch sagen, dass die deutsche Staatsverschuldung nach 1969 mit neuer Schuldenregel zwar langsam aber sicher deutlich anstieg, die maßgeblichen „Ausuferungen" aber erst ab der Wiedervereinigung von 1990 auftraten.[38] So hat sich der Schuldenstand in Deutschland zwischen 1990 und 2009 um 213% erhöht.[39] Auch hier gilt jedoch die Kritik, dass die jeweiligen Bundesregierungen nicht einmal versucht haben, durch andere Finanzierungsmöglichkeiten Teile der Ausgaben zu decken, sondern sich bewusst für kreditäre Finanzierungen ausgesprochen haben.[40]

Erst im Rahmen der zweiten Großen Koalition von 2005 kam Bewegung in diesen Bereich. Wie schon in der ersten Großen Koalition trauten sich CDU/CSU und SPD mit den vorliegenden Mehrheiten in Bundestag und Bundesrat an die Modernisierung der Finanzverfassung heran. So heißt es im Koalitionsvertrag[41] unter Punkt V., das die „Handlungsfähigkeit des Staats verbesser[t]"[42] werden soll. In Unterkapitel 1. soll eine Föderalismusreform zur „Modernisierung der bundesstaatlichen Ordnung"[43] eingesetzt werden und „[i]n einem weiteren Reformschritt in der 16. Wahlperiode sollen die Bund-Länder-Finanzbeziehungen den veränderten Rahmenbedingungen inner- und außerhalb Deutschlands [...] angepasst werden."[44]

Im Rahmen des Koalitionsvertrags positioniert sich zudem die erste Regierung Merkel kritisch zu der vorherigen Schuldenpolitik und erklärt:

---

[38] Siehe dazu Abbildung 1: Öffentliche Verschuldung der Bundesrepublik Deutschland, Anhang 3.
[39] Vgl. Korioth, Stellungnahme zur Gesetzesänderung der Verfassung Mecklenburg-Vorpommerns, a.a.O., S. 2.
[40] Dem Thema stetig steigende Verschuldung durch die Wiedervereinigung und unabsehbare Folgen für den Staat widmet sich u.a.: Lappin, Roland, Kreditäre Finanzierung des Staats unter dem Grundgesetz: Ein Plädoyer gegen den Kreditstaat (Schriften zum Öffentlichen Recht), Berlin1994. Lappin prüft in seiner Arbeit u.a. die Vereinbarkeit der damaligen Ausgabepraxis mit dem Grundgesetz und rügt die damalige Regierung für ihre unverantwortliche Verschuldungspolitik.
[41] Vgl. Koalitionsvertrag von CDU, CSU und SPD, Gemeinsam für Deutschland. Mit Mut und Menschlichkeit, Rheinbach 2005.
[42] Ebd., S. 109.
[43] Ebd.
[44] Ebd.

„Seit Jahrzehnten wird kontinuierlich die Illusion geschürt, der Staat könne immer neue und umfassendere Leistungswünsche befriedigen. Die Aufgaben- und Ausgabendynamik hat eine Verschuldungsspirale in Gang gesetzt, die durchbrochen werden muss. Deshalb machen wir in der Haushalts- und Finanzpolitik einen strukturellen Neuanfang."[45]

Kurz zuvor war im Jahr 2004 noch die Föderalismuskommission I von Bund und Ländern an inneren Zwistigkeiten gescheitert, die sich vor allem im Bereich der Bildungspolitik zeigten. Die Gründe hierfür mögen auch in den damals nicht sicheren Mehrheiten im Bundestag und Bundesrat gelegen haben und im fehlenden Einheitsinteresse von Bundesrat und Bundestag. Mit der Einführung der Großen Koalition von 2005 konnten die Ideen aus der gescheiterten Kommission jedoch in Gesetzesvorlagen gewandelt und schließlich beschlossen werden.[46]

Die Finanzverfassung blieb jedoch zunächst weitgehend unberührt und die Bundesregierung beschloss das Einsetzen einer weiteren Föderalismuskommission, die sich im Schwerpunkt vor allem mit der Fiskalpolitik des Bundes und der Länder beschäftigen sollte, am 14. bzw. 15. Dezember 2006.[47]

2.2 Die Arbeit der Föderalismuskommission II

2.2.1 Konstituierung und Zielsetzungen der Föderalismuskommission II

Nachdem in der jeweiligen Sitzung des Bundesrats und Bundestags Ende 2006 beschlossen worden war, eine gemeinsame „Kommission zur Modernisierung der Bund-Länder-Finanzbeziehungen" zu bilden, um die Fiskalpolitik und andere Themen zu prüfen und gegebenenfalls zu ändern, fand am 8. März 2007 die erste Sitzung der Kommission in Berlin statt.

Im Rahmen der Konstituierung der Kommission wurden von den jeweiligen Häusern Vorsitzende und Stellvertreter für die Kommission benannt.[48] Von Seiten des Bundestags wurde der SPD-Fraktionsvorsitzende Peter Struck ernannt, für den Bundesrat sollte

---

[45] Ebd., S. 64.
[46] Vgl. BGBl I 2006/41, S. 2034-2038.
[47] Vgl. BT-Drs. 16/3885; BR-Drs. 913/06.
[48] Vgl. Kommission von Bundestag und Bundesrat zur Modernisierung der Bund-Länder-Finanzbeziehungen, Kommissionsprotokoll. Stenografischer Bericht. 1. Sitzung, Berlin 8. März 2007, S. 3-6.

der damalige baden-württembergische Ministerpräsident Günther Oettinger als Vorsitzender fungieren, beide nahmen ihre Wahl ohne Zögern an.

Sowohl Struck wie auch Oettinger sind sich in ihren Antrittsreden jeweils bewusst, dass sie sich keiner einfachen Aufgabe stellen. So gibt Struck direkt zu Beginn zu bedenken:

> „Das Projekt, das wir uns vorgenommen haben, ist schwieriger als die Föderalismusreform I. Wir müssen ernsthaft prüfen, ob und wo die Länder eine eigene Steuerhoheit erhalten sollen. [...] Schließlich müssen wir auch über die Staatsverschuldung reden. Es kann sich niemand damit zufrieden geben, dass elf von 16 Ländern verfassungswidrige Haushalte haben."[49]

Auch Oettinger fällt in diesen Tenor ein und gibt – und das ist ein wichtiger Aspekt in dieser frühen Phase der Diskussion – zu Protokoll, dass „das Ziel des Weges und seine Länge noch nicht genau"[50] bekannt sei. Interessant ist dieser Einwand besonders, weil er rückblickend zeigt, dass die Verengung der Thematik auf eine mögliche Schuldenbremse zunächst kein alleiniger zentraler Aspekt ist. Wie später gezeigt werden wird, geschieht dies erst später im Verlauf der Sitzungen und mit Einsetzen der Finanzkrise.

Neben den beiden zentralen Akteuren der Kommission setzte die Kommission zusätzlich paritätisch 16 Vertreter von Bundestag und Bundesrat ein.[51] Dabei bestand die Mehrheit der entsandten Personen des Bundesrats aus den jeweiligen Ministerpräsidenten. Brandenburg, Thüringen und Rheinland-Pfalz entsandten jeweils ihre Finanzminister.

Teile der Kommissionsmitglieder gehörten der Bundesregierung an, um auch Einwände und Positionen der aktuellen Koalition einbringen zu können. Neben diesen entscheidungsbefugten Akteuren nahmen vier Vertreter der Landtage teil, die jeweils über Rede- und Antragsrecht verfügten, jedoch nicht über ein Stimmrecht. Dazu gehörten je ein Abgeordneter der Landesfraktionen SPD, CDU, FDP und BÜNDNIS 90/DIE GRÜNEN.[52]

---

[49] Struck, Peter, in: Kommissionsprotokoll 1. Sitzung, S. 4.
[50] Oettinger, Günther H., in: Kommissionsprotokoll 1. Sitzung, S. 5.
[51] Die Namen der Angehörigen der Föderalismuskommission II und der Sachverständigen zu Beginn der Kommissionsarbeit finden sich in den Anhängen 1 und 2.
[52] Die Entscheidung, welche Vertreter übersendet werden sollten, wurde an die Landtage weitergereicht, die sich über ein einfaches Mehrheitssystem für die Übersendung der vier am meisten vertretenen Parteien entschied. NPD und DIE LINKE waren zwar ebenfalls in mehreren Landtagen vertreten,

Den Abschluss bildeten drei Vertreter der Kommunen mit Rederecht. Hervorzuheben ist dieser Vorgang, da Kommunen nicht als staatliche Ebene fungieren und somit anders als andere staatliche Akteure in der Kommission lediglich als „ständige Gäste" eingestuft wurden. Die Festlegung der Vertreter erfolgt im Rahmen eines Beschlusses des Bundesrats. Dort wurde unter anderem festgehalten, dass die „Kommunen in geeigneter Weise einbezogen werden"[53] sollen. Christian Ude deutet an dass dieser Umstand auch den kommunalen Spitzenverbänden zuzuschreiben ist, die für eine Beteiligung an der Föderalismuskommission II gekämpft hatten.[54]

Nachdem nun grob über die beteiligten Parteien gesprochen worden ist, soll ein Blick auf das Konzept und die Aufgaben geworfen werden, denen sich die Föderalismuskommission II verpflichtet gesehen hat. Innerhalb dieser Analyse wird unter Bezugnahme auf den späteren Verlauf und die Beschlussfassung der Kommission direkt erläutert, welche Themen am Ende tatsächlich verhandelt und welche fallen gelassen wurden. Diese Art der Herangehensweise soll auch zeigen, wie wichtig das Thema der Schuldenbremse abschließend wurde und welche Aspekte zugleich dadurch ausgeklammert wurden, nur um überhaupt einen Abschluss zu erreichen. Zur Klärung wird hierbei die offene Themensammlung aus der Bundesrats-Drucksache 913/06 herangezogen und die Punkte entsprechend dieser Liste nummeriert behandelt.

In Punkt 1 findet sich der Themenkomplex der „Haushaltswirtschaft; Vorbeugung von Haushaltskrisen" mit der Planung der „Etablierung eines Frühwarnsystems", der „Entwicklung materieller Kriterien zulässiger Verschuldung" mit Blick auf die Änderung der aktuellen Fiskalpolitik, wie sie in Artikel 115 und Artikel 109 Grundgesetz festgelegt sind, wieder. Weiterhin enthalten ist die Einführung von „Instrumentarien zur Durchsetzung dieser Kriterien (Anreizsysteme, Sanktionen [...])", sowie der Ermittlung von „Strukturunterschiede[n] zwischen den Ländern" und vergleichbaren Datengrundlagen. Dieser Komplex ist zusammen mit Punkt 2 „Bewältigung bestehender Haushaltskrisen" weitgehend von der Föderalismuskommission II abgedeckt worden und bildet den Kernbestandteil der Untersuchung. Vorgreifend kann dabei jedoch bereits aus

---

aber in der Ansicht der Landtagspräsidenten deutlich unterrepräsentiert und wurden daher nicht einbezogen. Vgl. Kayenburg, Martin, Kommissionsprotokoll 1, S. 23.
[53] BR-Drs. 913/06, S. 2.
[54] Ude, Christian, in: Kommissionsprotokoll 1. Sitzung, S. 24.

den zu klärenden Fragen herausgegriffen werden, dass insbesondere bezüglich des Punkts „Instrumentarien zur Durchsetzung dieser Kriterien" lediglich Nachholbedarf zu gegebener Zeit durch die Kommission vereinbart wurde.[55] Die bisherigen Regelungen in Artikel 115 und 109 Grundgesetz stellen lediglich sehr schwache Sanktionen dar, zu „Gläubigerbeteiligungen an Kosten einer Finanzkrise" ist es bisher auch nach Ausbruch der Finanzkrise von 2009 noch immer in keiner direkten, gesetzlichen Form gekommen. Auch die „Vergleichbarkeit der Datengrundlagen" konnte nicht vollständig erreicht werden, da die zuständige Arbeitsgruppe sich nicht auf einheitliche Standards einigen konnte.[56]

Punkt 3 „Aufgabenkritik und Standardsetzung" ist insofern erfüllt, als die Kommission sich intensiv mit den bisherigen Bestimmungen im Finanz- und Bürokratiewesen beschäftigt und gerade im Punkt 4 „Entbürokratisierung und Effizienzsteigerung" einige Änderungen vorgenommen hat.

So wurden unter dem Aspekt einer „Einführung von IT-Standards und –Systemen/Vereinfachung [sic!] von landesübergreifenden Regelungen" einige Änderungen besprochen und beschlossen. Mit Einführung des Artikels 91 c im Grundgesetz dürfte sogar weltweit erstmals eine Infrastrukturregelung für Informationstechnik mit Verfassungsrang entstanden sein. Die beschlossenen Gesetze und Staatsverträge sind aber noch längst nicht endgültig umgesetzt, von daher bleibt für eine abschließende Bewertung noch abzuwarten, wie sich dieser Bereich in den nächsten Jahren entwickelt.

In den Bereich der „Aufgabenkritik und Standardsetzung" fällt darüber hinaus der Beschluss zu besserem „Benchmarking" bzw. Leistungsvergleich, der im Grundgesetz im neuen Artikel 91 d festgeschrieben wurde. Dabei galt es, die Leistungsfähigkeit der Verwaltungen gewissen Kriterien zu unterwerfen, um sie besser beurteilen und fördern zu können. Die Debatte zu diesem Thema wurde letztlich kontrovers geführt[57] und endete mit dem getroffenen Beschluss, Vergleichsstudien zwar gesetzlich festzulegen, dabei aber deren freiwilligen Charakter einer Zusammenwirkung zwischen Bund und

---

[55] Vgl. Struck, Peter, in: Plenarprotokoll des Deutschen Bundestags, 16/215, S. 23363-23365.
[56] Vgl. Bericht der AG Haushaltsanalyse, in: Kommission von Bundestag und Bundesrat zur Modernisierung der Bund-Länder-Finanzbeziehungen, K-Drs. 102.
[57] Vgl. Kommission von Bundestag und Bundesrat zur Modernisierung der Bund-Länder-Finanzbeziehungen, Kommissionsprotokoll. Stenografischer Bericht. 9. Sitzung, Berlin 6. Dezember 2007.

Ländern zu betonen. Die Erwartung der Kommission war hierbei, dass die Bereitschaft zur Durchführung solcher Vergleichsstudien mit einem entsprechenden Gesetz gefördert würde. Konkrete Ergebnisse sind bisher nicht erkennbar, da die Umsetzung noch erarbeitet wird.

Unbeantwortet blieben unter Punkt 4 viele Fragen im Bereich der „Aufgabenentflechtungen […] der öffentlichen Verwaltung" und „[e]benenübergreifende[n] Bündelung von Verwaltungsaufgaben", die im Laufe der Kommissionsarbeit zunächst ab Sommer 2008 in Projektgruppen ausgegliedert, dann – nach Ausbruch der Finanzkrise und Zentralisierung auf das Thema Schulden – nur noch bedingt zu Ende geführt wurden und sich im Kern auf Änderungen bei der Versicherungssteuer, der Feuerschutzsteuer und Einzelaspekten des Verwaltungsvollzugs wie auch der Steuerabgaben erstreckten.[58] Eine deutliche Entflechtung oder gar starke Entbürokratisierung ist durch diese Föderalismuskommission also keineswegs beschlossen worden, sondern lediglich – wie beschrieben – eine Verbesserung im Verwaltungsvollzug.

Punkt 5 „Stärkung der aufgabenadäquaten Finanzausstattung u.a. Abarbeitung Prüfauftrag für 2008 aus Finanzausgleichsgesetz" wurde letztendlich nach intensiver Beratung schon früh innerhalb der Kommission für erledigt betrachtet, da keine beschlussfähige Mehrheit gefunden werden konnte, die eine Umwandlung oder Veränderung gerade des Finanzausgleichsgesetzes befürwortet hätte.[59] Die Kommission beschloss daraufhin, das Thema mehr oder minder dahingehend auszuklammern und eine spätere Bearbeitung spätestens im Jahr 2019 zu empfehlen. Nach aktueller Lage sollen im Jahr 2019 sowohl das Finanzausgleichsgesetz wie auch der „Aufbau Ost" auslaufen. Auch vor diesem Hintergrund wurde eine endgültige Etablierung der Schuldenbremse auf Länderebene erst für das Jahr 2020 vorgesehen.[60]

---

[58] Vgl. Beschlüsse der Kommission von Bundestag und Bundesrat zur Modernisierung der Bund-Länder-Finanzbeziehungen, in: Kommission von Bundestag und Bundesrat zur Modernisierung der Bund-Länder-Finanzbeziehungen, K-Drs. 174, S. 44: „Für das Anliegen des Bundes, ein allgemeines fachliches Weisungsrecht u.a. im Bereich der steuerlichen Auftragsverwaltung in der Verfassung zu verankern, gab es in der Kommission jedoch keine Mehrheit."
[59] Ebd., S. 158 f.
[60] Oettinger, Günther H., in: Kommission von Bundestag und Bundesrat zur Modernisierung der Bund-Länder-Finanzbeziehungen, Kommissionsprotokoll. Stenografischer Bericht. 19. Sitzung, Berlin 5. März 2009, S. 604.

Punkt 6, die „Stärkung der Eigenverantwortung der Gebietskörperschaften", ist letztlich im engen Zusammenhang mit Punkt 3 „Aufgabenkritik und Standardsetzung" sowie Punkt 4 „Entbürokratisierung und Effizienzsteigerung" zu sehen. Dabei sind viele Ziele und Eckpunkte, wie bereits oben erläutert, nicht weiter verfolgt worden oder aufgrund ihrer Komplexität schlicht ausgeklammert worden zugunsten der reinen Schuldenthematik. Einzelaspekte wie Katastrophenschutz oder Seesicherheit hier zu behandeln, würde zu weit führen. Interessant ist allerdings, dass von den sechzehn gebildeten Schwerpunkten im Bereich der Verwaltung gerade einmal fünf eine abschließende Empfehlung erhielten (IT, Benchmarking, Nationales Krebsregister, Steuerverwaltung, Bundesfernstraßen).

Punkt 7, die „Verstärkte Zusammenarbeit und Möglichkeit zur Erleichterung des freiwilligen Zusammenschlusses von Ländern", wurde bewusst nicht als Konzept zum Zusammenschluss von Bundesländern entworfen. Im Rahmen der öffentlichen Debatte rund um die erste und zweite Föderalismuskommission wurde genau dies immer wieder bemängelt.[61] Das Thema Gebietsneugliederung stellt sich aber in der Bundesrepublik als sehr komplex dar und ist somit auch in der Kommission wortreich begleitet worden. Im Zentrum stand dabei vor allem die Idee einer Vereinfachung der aktuellen Regeln zum Zusammenschluss der Länder, statt einer Empfehlung über einen konkreten Zusammenschluss von bestimmten Bundesländern. Die ersten kontroversen Debatten und die Eingaben der Sachverständigen führten jedoch teilweise soweit, dass man das Thema in eine Arbeitsgruppe auslagerte.[62] Am Ende konnte man sich aber selbst in Hinsicht auf eine Erleichterung des Zusammenschlusses nicht einigen. Die Kommission traf daher keine Empfehlung.

Punkt 8 „Bündelung fachpolitischer Leistungen und Auswirkungen auf die Bund-Länder-Finanzbeziehungen" fällt wiederum mit den Punkten 3, 4 und 6 zusammen und bedarf keiner weitergehenden Erläuterung. Punkt 9 „Sonstiges" hat keine nennenswerte Vertiefung aufzuweisen.

---

[61] Vgl. Tillmann, Antje, in: Kommissionsprotokoll 1. Sitzung, S. 7: „‚Föderalismus I‘ hat uns in der Öffentlichkeit häufig mit der Forderung konfrontiert: Ihr müsst in ‚Föderalismus II‘ den Länderfinanzausgleich regeln und über Länderfusionen nachdenken."
[62] Vgl. Vorschläge zur Neuregelung des Artikels 29 GG, in: Kommission von Bundestag und Bundesrat zur Modernisierung der Bund-Länder-Finanzbeziehungen, K-Drs. 119.

Betrachtet man nun abschließend noch einmal die Punkte in ihrer Gesamtheit, so lässt sich festhalten, dass die Föderalismuskommission II vor allem im Bereich der Haushaltswirtschaft und der Vorbeugung von Haushaltskrisen, sowie allen damit verwandten Themen, relativ erfolgreich war. Das Thema Verwaltung und Verwaltungsentflechtung ist dagegen nur in wenigen Punkten in abschließende Formulierungen gegossen worden. Sicherlich ist ein Grund, der die Kommission zur Vertiefung der reinen Fiskalthemen brachte, das Einwirken der Finanzkrise ab 2008/2009, welches die Kommission unter Zugzwang setzte, gerade hier Ziele zu forcieren. Zusätzlichen „Ehrgeiz", neue Regeln für die Verschuldung zu finden und diese mit Priorität zu betrachten, dürfte auch das Urteil des Bundesverfassungsgerichts[63] vom 9. Juli 2007 gebracht haben. In diesem nahm sich das Gericht der Verfassungskonformität eines Nachtragshaushalts des Jahres 2004 an und kam zu vernichtenden Schlüssen. Im Urteil wies das höchste Gericht darauf hin, dass die Politik bereits mehrfach an der „Goldenen Regel" hätte nachbessern müssen, da die Staatsverschuldung mehr als ersichtlich aus dem Ufer laufe. Das, so kritisierte das Gericht, hätte dem Bund auch schon vor der Wiedervereinigung im Jahre 1989 klar sein können. Weiter führte es aus, dass vieles dafür spreche,

> „[...] die gegenwärtige Fassung des Art. 115 GG in ihrer Funktion als Konkretisierung der allgemeinen Verfassungsprinzipien des demokratischen Rechtsstaats für den speziellen Bereich der Kreditfinanzierung staatlicher Ausgaben (vgl. BVerfGE 79,113 <343>) nicht mehr als angemessen zu werten und verbesserte Grundlagen für wirksame Instrumente zum Schutz gegen eine Erosion gegenwärtiger und künftiger Leistungsfähigkeit des demokratischen Rechts- und Sozialstaats zu schaffen."[64]

Zwei der Richter – Udo di Fabio und Rudolf Mellinghoff – gingen in einem Sondervotum[65] noch weiter und kritisierten, dass weder der Senat noch der Bund jemals den im Grundgesetz definierten Investitionsbegriff konkretisiert hätten. Dadurch sei bis heute völlig unklar, was überhaupt unter den Investitionsbegriff falle oder nicht. Weiter erklärten die beiden Verfassungsrichter, der Bundesgesetzgeber missachte

> „in einer Art wiederkehrender Dauerrechtsverletzung das Verfassungsgebot, bei günstiger konjunktureller Lage die unter Berufung auf Art. 115 GG aufgenommenen Kredite durch Einsparungen oder Einnahmeverbesserungen in

---

[63] BVerfG, 2BvF 1/04, 09.07.2007, online abrufbar:
http://www.bverfg.de/entscheidungen/fs20070709_2bvf000104.html (Stand: 12.09.2012).
[64] Ebd., Abs. 134.
[65] Ebd., Abs. 189.

der Phase des konjunkturellen Aufschwungs auch wieder zu tilgen (vgl. BVerfGE 79, 311 <334>)."[66]

Mit diesem Urteil hatte sich der Bund eine schallende Ohrfeige aus Karlsruhe eingefangen, die als höchstrichterliches Gut auch vielerorts entsprechende Beachtung fand. Hatte man zuvor zwar die Staatsverschuldungspolitik des Bundes nur als unverhältnismäßig kritisieren können, hatte man nun einen verfassungsrechtlichen Grund, den Missstand anzuprangern und die Politik zum schnellen Handeln zu bewegen. Die Kommission sollte und musste diesem Umstand Rechnung tragen.

Auch der Zeitfaktor spielte eine wesentliche Rolle. Allen Beteiligten war klar, dass die Beschlüsse der Kommission nur erfolgreich sein könnten, wenn sie innerhalb der Legislatur beschlossen werden. Schon durch Umfragen in den Jahren 2008/2009 musste den meisten Akteuren klar gewesen sein, dass für eine weitere schwarz-rote Regierung bei der nächsten Wahl keine Mehrheit verfügbar wäre.[67] Hätten die Vorsitzenden Struck und Oettinger somit nicht gewisse Zäsuren eingebunden, wäre sicherlich fraglich gewesen, ob es überhaupt zu einem Endbeschluss hätte kommen können, da viele Themen – wie beschrieben – sehr kontrovers und ohne Einigung diskutiert wurden. Vor diesem Hintergrund wäre es falsch, der Kommission Ineffektivität vorzuwerfen. Zumindest im Bereich der Verwaltung kann aber nach einiger Zeit den Teilnehmern der Kommission eine gewisse Ermüdung vorgeworfen werden und mangelnde Kompromissbereitschaft, die selbst Teilnehmer der Kommission auf halber Strecke zur Resignation brachte.[68]

2.2.2 Kommissionsarbeit und Vertiefung auf das Thema Schuldenbremse

Zum Zeitpunkt der Konstituierung der Föderalismuskommission II lag die Gesamtverschuldung der Bundesrepublik bei etwa 1,5 Billionen Euro und damit bei 65 Prozent des Bruttoinlandsprodukts (BIP). Der Bund verstieß damit deutlich gegen die Maastricht- Kriterien, die eine maximale Verschuldung von 60 Prozent des BIP vorsehen.

---

[66] Ebd., Abs. 200.
[67] Vgl. Spiegel Online, Schwarz-Gelb baut Vorsprung aus, online abrufbar:
http://www.spiegel.de/politik/deutschland/forsa-umfrage-schwarz-gelb-baut-vorsprung-aus-a-632236.html (Stand: 09.07.2012).
[68] Vgl. Wissing, Volker, in: Kommissionsprotokoll 9. Sitzung, S. 278: „Bei allem Respekt: Die etwas konfuse Anhörung vom 8. November 2007 macht auch für den Bereich ‚Verwaltungsthemen' nicht wirklich Mut. Ich glaube nicht, dass die Neuordnung in diesem Komplex größere finanzielle Reserven zutage fördern wird. Ich will deswegen von vornherein darum bitten, dass wir uns bei den Verwaltungsthemen sinnvoll beschränken."

Erschreckend bei dieser Summe war vor allem die hohe Aufwendung zur Tilgung von Zinszahlungen durch Steuereinnahmen: 12 Prozent mussten verwendet werden, um die 39 Milliarden Euro an Zinsausgaben zu finanzieren.[69]

Ebenfalls stand zur Konstituierung fest, dass der bisherige Artikel 115 Grundgesetz, wie bereits weiter oben erläutert, kein sicheres Bollwerk gegen die Verschuldungsdynamik darstellte. Somit war für die meisten Teilnehmer der Kommission von vornherein klar, dass ein zentrales Thema die Eingrenzung der Verschuldung und den Erhalt von budgetrechtlichen Handlungsfähigkeiten betraf.

Im Rahmen der Debatte um die Erneuerung der Fiskalregeln kursierte bereits früh das Modell einer Schuldenbremse, aber auch andere Möglichkeiten wurden zunächst nicht ausgeschlossen. Zur Vertiefung des Themas „Schuldenbremse", um die es von nun an hauptsächlich gehen soll, wird aus Platzgründen auf die Darlegung anderer Schuldenbegrenzungsverfahren verzichtet, die im Rahmen der Kommission besprochen wurden.[70]

2.2.2.1 Das „Schweizer Modell" als Diskussionsgrundlage

Das Modell einer Schuldenbremse kam in Europa erstmals durch die Schweiz im Jahr 2000 als Debatte auf und wurde verhältnismäßig rasch im Jahr 2001 verabschiedet. In einer ersten Rückschau kann eingeräumt werden, dass die Anzeichen in absoluten Zahlen zunächst für das Modell sprechen.[71] Die schweizerische Botschaft erklärt in einem Papier aus der Reihe „Partner im Dialog":

---

[69] Bankenverband deutscher Banken, Föderalismusreform – Fünf Reformbausteine für die zweite Stufe, in: Kommission von Bundestag und Bundesrat zur Modernisierung der Bund-Länder-Finanzbeziehungen, K-Drs. 120, S. 22.

[70] Vgl. u.a. Bofinger, Peter, Eine andere Meinung: Zur Notwendigkeit einer Schuldenschranke für die deutsche Finanzpolitik, in: Statistisches Bundesamt, Staatsverschuldung wirksam begrenzen. Expertise im Auftrag des Bundesministers für Wirtschaft und Technologie, Wiesbaden 2007, S. 157-171; Staatskanzlei des Saarlandes, Wege der Haushaltsnotlage – Das Optionsmodell als Beitrag zur Reform der föderalen Finanzbeziehungen (Föderalismusreform II), in: Kommission von Bundestag und Bundesrat zur Modernisierung der Bund-Länder-Finanzbeziehungen, K-Drs. 025; Burgbacher, Ernst/Wissing, Volker, FDP-Arbeitsgemeinschaft zur Föderalismusreform II, in: Kommission von Bundestag und Bundesrat zur Modernisierung der Bund-Länder-Finanzbeziehungen, K-Drs. 116.

[71] Vgl. u.a. Kühni, Olivia, Eine Fessel für den Staatshaushalt, online abrufbar: http://www.zeit.de/2011/50/A-Schuldenbremse (Stand: 12.09.2012); siehe auch Abbildung 2: Öffentliche Verschuldung der Schweiz vor und nach der Einführung der Schuldenbremse, Anhang 3.

> „Der Bundeshaushalt war im Zeitpunkt der Einführung der Schuldenbremse nicht im Gleichgewicht, sondern wies eine beträchtliche Finanzierungslücke auf. Das Ziel eines strukturell ausgeglichenen Haushalts wurde 2006 erreicht – ein Jahr früher als erwartet. Mit den 2006 bis 2008 erzielten Überschüssen konnten die Schulden deutlich reduziert werden."[72]

Sicherlich auch aufgrund dieser überzeugend wirkenden Zahlen stand früh in der Debatte um neue Fiskalregeln in Deutschland fest, dass die Schuldenbremse nach dem Schweizer Vorbild eine gangbare Möglichkeit sein könnte. Zunächst wurde das System kritisch beäugt,[73] im Verlauf der Diskussion jedoch schließlich als beste Möglichkeit erachtet.[74] Um zu verstehen, was die Schweizer Schuldenbremse – neben dem Hauptfaktor des Schuldenabbaus – so interessant macht, muss ein Blick auf ihre Umsetzung und Funktionsweise geworfen werden, die allerdings aus Platzgründen oberflächlich bleiben wird und nicht alle Formeln des Mechanismus erklärt.

Im Gegensatz zu vielen anderen Staaten in Europa, die sich den grundsätzlichen Maastricht-Kriterien unterworfen haben, hat sich die Schweiz für eine sehr strikte Schuldenpolitik entschieden, die streng am sogenannten Konjunkturzyklus ausgerichtet ist. Dazu entschieden sich die Eidgenossen vor allem, weil die öffentliche Schuldenquote im Verlauf von 1990 bis 1998 um mehr als 20 Prozent angestiegen war und man einen Weg gehen wollte, um Ungleichgewichte im Haushalt zu verhindern und – wie Jochen Hartwig und Rita Kobel Rohr ausführen – „zur Stabilisierung der nominellen Bundesschulden beizutragen, jedoch unter Berücksichtigung der konjunkturellen Entwicklung"[75].

Der Weg war somit gesetzt und das Ziel musste ein Instrument sein, das vor allem mit Hilfe der Wirtschaftstheorien zur Konjunktur funktionieren konnte. Man setzte auf den Konjunkturzyklus, der auf der Annahme aufbaut, dass es wellenartige Bewegungen

---

[72] Schweizer Botschaft in Deutschland, Die Schuldenbremse in der Schweiz, online abrufbar: http://www.partnerimdialog.de/tl_files/Veranstaltungen/Schuldenbremse%2019.01.2012%20Wiesbaden/INT_Schuldenbremse%20Schweiz.pdf (Stand: 01.09.2012), S. 4.
[73] Vgl. Struck, Peter, Kommissionsprotokoll 1. Sitzung, S. 4; Tillmann, Antje, Kommissionsprotokoll 1. Sitzung, S. 7; Koch, Roland, Kommissionsprotokoll 1. Sitzung, S. 13; Ramelow, Bodo, Kommissionsprotokoll 1. Sitzung, S. 14.
[74] Vgl. Beschlüsse der Kommission von Bundestag und Bundesrat zur Modernisierung der Bund-Länder-Finanzbeziehungen, in: Kommission von Bundestag und Bundesrat zur Modernisierung der Bund-Länder-Finanzbeziehungen, K-Drs. 174.
[75] Hartwig, Jochen/Kobel Rohr, Rita, Wäre die schweizerische ‚Schuldenbremse' ein geeignetes Instrument zur Disziplinierung der Fiskalpolitik in der EU?, in: Vierteljahreshefte zur Wirtschaftsforschung, Bd. 73 (2004), S. 481-490, S. 483.

innerhalb eines Wirtschaftssystems gibt, die auf verschiedenen Phasen basieren. Innerhalb dieses Zyklus gibt es wirtschaftswissenschaftlich gesehen die Phasen der Rezession, des Aufschwungs, des Booms und des Abschwungs.[76] Die Länge einer solchen Wellenbewegung ist innerhalb der Wirtschaftswissenschaften umstritten, es gibt mehrere Strömungen.[77]

Das Schweizer Modell[78] setzt auf dieser Theorie auf und richtet seine Schuldenpolitik an diesem Kriterium aus.[79] Sind die Zeiten gut, müssen die Ausgaben deutlich unter den Einnahmen liegen und Schulden abgebaut werden. Befindet sich die Wirtschaftsleistung im Abschwung oder einer Rezession, dürfen die Ausgaben deutlich hochgefahren werden und über den Einnahmen liegen. Damit wird langfristig ein ausgeglichener Haushalt erreicht.[80] Für die Berechnung der zulässigen Ausgaben wird ein sogenannter Konjunkturfaktor genutzt, der sich am Verhältnis von trendmäßigem BIP zu aktuell geschätztem BIP orientiert. Das Ergebnis dieser Berechnungen entspricht schließlich den maximalen Ausgaben, die für den Schweizer Bundesrat und die Bundesversammlung bindend sind.

Ausnahmeregeln sind so gewählt worden, dass sie nur bei qualifizierter Mehrheit beider Kammern der Bundesversammlung möglich sind. Die Ausgabenbindung bezieht sich immer auf das nächste Haushaltsjahr.

So weit will es die Theorie der Schweizer Schuldenbremse, die sicherlich für den Laien nicht ohne gewisse Problematik zu verstehen ist und daher hier auf das Nötigste

---

[76] Konjunkturtheorien werden zum Beispiel für die Ermittlung von Geschäftsklimaindizes, wie etwa dem ifo-Index, genutzt; siehe hierzu auch Abbildung 3: Modellverlauf eines Konjunkturzyklus, Anhang 3.
[77] Zur weiterführenden Lektüre empfehlen sich Werke über Zyklen-Theorien nach dem Modell von Joseph Kitchin oder Clement Juglar, zum Beispiel in: Habenicht, Marc, Das Auf und Ab der Wirtschaft. Die Konjunktur und verschiedene Konjunkturzyklen, Norderstedt 2004, S. 10-13.
[78] Vgl. Schweizerische Eidgenossenschaft, Bundesgesetz über den eidgenössischen Finanzhaushalt, online abrufbar: http://www.admin.ch/ch/d/sr/611_0/index.html (Stand: 12.09.2012).
[79] Zu beachten hierbei ist: Die Schweizer Schuldenbremse gilt anders als die deutsche Schuldenbremse nicht für alle Staatsebenen, sondern nur für das Ausgabenverhalten des Bundes. Innerhalb der Kantone gelten eigene Regeln, die sich teilweise an denen des Bundes orientieren, teilweise aber auch anderer Natur sind. In Deutschland sind auf grundgesetzlicher Bundesebene Regeln sowohl für den Bund als auch die Bundesländer festgelegt worden, mit der Maßgabe, dass die Länder sich eigene Schuldenbremsen in die Landesverfassungen schreiben können, diese aber im Einklang mit den Regeln aus dem Grundgesetz stehen müssen.
[80] Vgl. Abbildung 4: Konzept eines ausgeglichenen Budgets über einen Konjunkturzyklus, Anhang 3.

beschränkt wurde.[81] Umso interessanter ist, dass die Mehrheit der Schweizer in Volksabstimmungen für das System gestimmt hat.[82] Für den Wähler war hierbei sicherlich nicht allein die Funktionsweise entscheidend, sondern die Attraktivität einer Budgetbegrenzung und damit einer genaueren Ausgabenkontrolle der eigenen Politiker durch Gesetze.

Als nächstes gilt es die Frage zu klären, ob in der Debatte der Sachverständigen die Schuldenbremse ebenfalls positiv abschneidet, ob ihre beschriebenen Funktionen auch in der Praxis zu einem Abbau der Schulden führen und ob dadurch andere Probleme innerhalb der Haushaltswirtschaft des Staates auftauchen. Diese Fragen sind wichtig zu klären, da sich auch die deutsche Schuldenbremse ihnen stellen muss. Umso interessanter ist es zu sehen, wie die Schweizer Vorlage beurteilt wurde und wird.

In einer Studie des Deutschen Instituts für Wirtschaftsforschung Berlin[83] aus dem Jahr 2004 – also weit vor einer deutschen Entscheidung zur Schuldenbremse – weisen die bereits zuvor genannten Autoren Hartwig und Kobel Rohr auf eine Reihe von Problemen innerhalb der Schweizer Schuldenbremse hin. Neben kritischen Berechnungsproblemen[84] weisen die Autoren auch auf – aus ihrer Sicht – falsch adaptierte Annahmen der Theorie von Keynes hin, wenn es um den Aspekt der Vollbeschäftigung geht.

Demnach gehe Keynes in seinem Modell der antizyklischen Wirtschaftspolitik von einer „Nachfragelücke verbunden mit Unterbeschäftigung"[85] aus, während die Schweiz – ähnlich wie die meisten Industrienationen – seit den 1990er Jahren eher mit einem anhaltenden Prozentsatz von Arbeitslosigkeit zu kämpfen hat. Problematisch ist dies, weil damit von falschen Annahmen ausgegangen wird, die wiederum zu Fehlern bei der

---

[81] Ausführlicher zu den Mechanismen von Schuldenbremsen: Hishow, Ognian N., Schuldenbremsen in der EU. Das ultimative Instrument der Budgetpolitik? Bremsmechanismus, Bremskraft und Bremsleistung, Stiftung Wissenschaft und Politik, Berlin 2012.
[82] Schweizer Fernsehen, Rückblick: Volk sagt Ja zur Schuldenbremse, online abrufbar: http://www.sendungen.sf.tv/eco/Nachrichten/Archiv/2011/02/14/Hintergrund/Rueckblick-Volk-sagt-Ja-zur-Schuldenbremse (Stand: 01.09.2012).
[83] Vgl. Hartwig, Jochen/Kobel Rohr, Rita, Wäre die schweizerische „Schuldenbremse" ein geeignetes Instrument zur Disziplinierung der Fiskalpolitik in der EU?, a.a.O.
[84] Ebd., S. 485 ff.
[85] Ebd., S. 484.

Beurteilung der Ausgaben führen können, die für die Berechnung der Bremse nötig sind.

Hinzu kommt das vielleicht größere Problem der Inflexibilität der Ausgaberegel, wenn es um Anpassungen anderer Faktoren geht. Da keine relativen Bezüge oder Benchmarks eingefügt werden, sondern nur absolute Aussagen (Ausgaben um XY Euro senken/heben), kann es zu Problemen kommen. Das beste Beispiel im Zusammenhang mit der Einführung der Schweizer Schuldenbremse ist aus dem Jahr 2003 verbrieft und führte direkt zu einer Anpassung der Regeln, als nach nur sechs Monaten im Haushaltsjahr die Einnahmeschätzungen um rund 8 Prozent zurückgenommen werden mussten und daraufhin plötzlich der Schuldenbremse folgend ein auszugleichendes Defizit vorlag.

Im Prinzip wäre dies nur durch drastische Kürzungen oder Steueranhebungen möglich gewesen – beides Positionen, die kurzfristig nicht hätten durchgeführt werden können, ohne erhebliche Probleme zu verursachen. Wie reagierte die Politik also auf das Problem? Sie veränderte das Finanzhaushaltsgesetz und änderte den Höchstbetrag der zulässigen Ausgaben.

Dennoch kommen Hartwig und Kobel Rohr am Ende ihrer Studie zu dem Ergebnis, dass die Schweizer Schuldenbremse durchaus eine gangbare Lösung ist und gehen – ausgehend von ihrer Ursprungsfragestellung zur Überführung der Schuldenbremse auf EU-Ebene – sogar so weit, den Wechsel von den Maastricht-Kriterien hin zu einer Schuldenbremse zu befürworten.[86] Allerdings liefern die Autoren auch weitere Vorschläge zu einer Anpassung der bisherigen Regeln und geben abschließend zu bedenken:

> „Die Herausforderungen liegen bei der Berechnung der zulässigen Ausgabenhöhe und der Handhabung des Ausgleichskontos. Auch über die Höhe der 'hinnehmbaren' Schuldenquote macht die Ausgabenregel keine Aussage."[87]

Mit anderen Worten: Wichtig ist die objektive und sinnvolle Festlegung der Grundkriterien, da die Schuldenbremse sonst ebenso störanfällig ist wie andere Budgetierungsregeln. Den Charme einer Schuldenbremse wiederum mache die symmetrische

---
[86] Ebd., S. 489.
[87] Ebd.

Ausgestaltung aus: Durch verbindliche Automatismen ist die objektive Durchsetzbarkeit höher als etwa bei den Maastricht-Kriterien.[88]

Auch der Beitrag „Anmerkungen zur Schuldenbremse" von Christian Müller[89] kommt – nach Prüfung der Schuldenbremsen-Systematik – zu dem Schluss, dass eine Schuldenbremse grundsätzlich eine interessante Lösung ist:

> „Erstens legt die Verfassungsnorm nicht nur ein Ziel fest, sondern schreibt auch das Vorgehen zu dessen Erreichung vor. Im Prinzip engt dies den Spielraum für unerwünschtes diskretionäres Politikhandeln ein. Als unerwünscht dürften in diesem Zusammenhang vor allem zu geringe Anstrengungen zur Haushaltskonsolidierung in Aufschwungphasen gelten."[90]

Allerdings schlägt auch Müller in seinem Beitrag eine alternative Formel für die Berechnung der Schuldenbremse vor, da er der Meinung ist, dass mit einer Schuldenbremse

> „[…] nur unter sehr speziellen Voraussetzungen das Ziel eines Haushaltsausgleichs über einen Konjunkturzyklus hinweg erreicht werden kann."[91]

Zu einem ganz anderen Schluss bezüglich der Wirksamkeit der Schweizer Schuldenbremse kommen Forscher des Instituts für Makroökonomie und Konjunkturforschung (IMK) der Hans-Böckler-Stiftung:

> „Eine nähere Analyse zeigt jedoch, dass der Erfolg in weiten Teilen gar nicht direkt durch die Schuldenbremse bedingt war."[92]

In der dazugehörigen Studie[93] erläutern die Autoren Achim Truger und Henner Will, dass die Schweiz vor allem aus einem Grund massiv Schulden abgebaut hat: weil der Wille dazu schon früh da war. Die von den Sozialdemokraten der Schweiz in Auftrag gegebene Studie legt weiterhin nahe, dass bereits seit 1993 die Schweiz darauf bedacht war, einen restriktiven Budgetkurs zu verfolgen. Zusätzlich soll ein guter Konjunktur-

---

[88] Ebd., S. 487.
[89] Vgl. Müller, Christian, Anmerkungen zur Schuldenbremse, in: Vierteljahreshefte zur Wirtschaftsforschung, Bd. 73 (2004), S. 491-501, S. 501.
[90] Ebd.
[91] Ebd., S. 500.
[92] Pressemitteilung Hans-Böckler-Stiftung, Schweizer Schuldenbremse birgt Risiken, online abrufbar: http://www.boeckler.de/38756_38763.htm (Stand: 10.09.2012).
[93] Truger, Achim/Will, Henner, Eine Finanzpolitik im Interesse der nächsten Generationen. Schuldenbremse weiterentwickeln: Konjunkturpolitische Handlungsfähigkeit und öffentliche Investitionen stärken, online abrufbar: http://www.boeckler.de/pdf/p_imk_study_24_2012.pdf (Stand: 10.09.2012).

schub aus dem Jahr 2004 der guten Bilanz von 2006 und 2007 geholfen haben. Die Studie geht so weit, zu erklären:

> „Die großen Konsolidierungserfolge sind somit im Wesentlichen das Ergebnis einer guten Konjunktur und damit glücklicher Umstände."[94]

In der Bilanz heißt es bezogen auf eine geringe Investitionsquote, die eine Folge der Bremse sein soll, weiter:

> „Würde sie sich fortsetzen, wäre mittelfristig eine deutliche Schwächung des Wachstumspotenzials der Schweizer Volkswirtschaft und damit eine Belastung der nächsten Generationen zu befürchten."[95]

Truger und Will schließen jedoch mit einem positiven Ausblick für die politische Schweiz, die vor allem im Vertrauen auf die große Flexibilität und den Pragmatismus der Schweizer fußt. Auffallend ist – wie auch in den beiden vom Grundtenor sehr positiven Studien des DIW –, dass die IMK-Forscher im Kern auf Änderungen am System der Schuldenbremse drängen, diese jedoch grundsätzlich in ihrer Funktion als wirkungsvoll bewerten.

Die Schuldenbremse bleibt damit funktional als Budgetbegrenzungsmittel offenbar in der Fachwelt und der Politik ein opportunes Mittel, und die Bilanz für die Schweiz ist – wenn auch zwiespältig, je nach Lehrmeinung – grundsätzlich positiv. Eine Abkehr von der Fiskalregel zurück zu alten Vorschriften oder hin zu den Maastricht-Kriterien kann für die Schweiz daher wohl ausgeschlossen werden.

2.2.2.2 Einschätzungen der Sachverständigen zur Planung einer deutschen Schuldenbremse

Die Schweizer Schuldenbremse scheint sich – wie bereits dargelegt – zumindest insofern bewährt zu haben, als kein anderes Mittel als opportuner für die Schweiz vorgebracht wurde. Bezogen auf den Sachstand zur Debatte während der Föderalismuskommission II ist festzustellen, dass der Tenor im Zeitraum 2007/2008 sehr positiv war. Die Schweiz hatte starke Zahlen und geringere Schulden vorgelegt[96] und galt damit als

---

[94] Ebd., S. 82.
[95] Ebd.
[96] Ob dieser Faktor nun – wie von der Schweizer Botschaft, a.a.O., dargelegt – allein durch die Schuldenbremse begünstigt war oder durch eine grundsätzlich gute Konjunkturentwicklung, wie sie

Musterkind. Die EU-Staaten, die den Maastricht-Kriterien und ihren jeweils eigenen Schulden-Grundlagen folgten, hatten weniger vorzuweisen. Alternative Konzepte waren somit interessant.

Die Sachverständigen, die im Rahmen der Föderalismuskommission II schließlich zur Anhörung über Finanzthemen zusammentraten,[97] stützten sich auf die Erkenntnisse der Vorjahre und die Einstiegsdebatte, ob eine Schuldenbremse grundsätzlich überhaupt sinnvoll sei. Wichtig erschien im Rahmen der Diskussion um den deutschen Schuldenstand und seine Begrenzung die von Politikern vorgebrachte Frage,[98] ob die Schweizer Schuldenbremse für Deutschland überhaupt implementiert werden könne und welche anderen Konzepte verfolgt werden könnten.

Im Vorfeld der Debatte waren bereits zahlreiche Modelle zur Schuldenbegrenzung und Diskussionsbeiträge zur Neugestaltung der deutschen Finanzpolitik eingereicht worden. So schlug ein Konzeptionspapier der Bundestagsfraktion BÜNDNIS 90/DIE GRÜNEN eine Adaption der Schweizer Schuldenbremse vor, allerdings mit deutlich weitreichenderen Ausnahmen für kreditfinanzierte Ausgaben, und damit eine höhere Neuverschuldung, als später in das deutsche Modell übernommen wurde.[99]

Den komplett gegensätzlichen Weg beschritten später die Abgeordneten der FDP-Bundestagsfraktion: Dort wurde ein komplettes Verbot einer Neuverschuldung gefordert.[100] Die meisten Kommissionsmitglieder folgten dieser Einlassung bis zuletzt jedoch nicht, sondern wollten zumindest dem Bund einen gewissen Spielraum lassen. Ebenfalls forderte die FDP eine Schuldnerselbstverantwortung für die Länder. Nach diesem Modell hätte die aktuell geltende Haftungsbindung von Bund und Ländern

---

Truger und Will, a.a.O., feststellen, ist dabei zunächst unerheblich. Im öffentlichen Diskurs der Jahre 2007/2008 dürfte allein das Wort „Schulden-Rückbau" interessant gewesen sein.

[97] Vgl. Kommission von Bundestag und Bundesrat zur Modernisierung der Bund-Länder-Finanzbeziehungen, Kommissionsprotokoll. Stenografischer Bericht. 4. Sitzung, Berlin 22. Juni 2007.

[98] Struck, Peter, in: Kommissionsprotokoll 1. Sitzung, S. 4: „Ich weiß nicht, ob die Schweizer Regelung das richtige Vorbild für uns ist. Aber wir werden uns die Gutachten genau anschauen."

[99] Vgl. Kretschmann, Winfried, Überlegungen von Winfried Kretschmann, Fraktionsvorsitzender der GRÜNEN im Landtag von Baden-Württemberg, in: Kommission von Bundestag und Bundesrat zur Modernisierung der Bund-Länder-Finanzbeziehungen, K-Drs. 036, S. 5-7.

[100] Vgl. Burgbacher, Ernst, in: Kommission von Bundestag und Bundesrat zur Modernisierung der Bund-Länder-Finanzbeziehungen, Kommissionsprotokoll. Stenografischer Bericht. 5. Sitzung, Berlin 13. September 2007, S. 135.

aufgehoben werden müssen. Jedes Land wäre damit einer eigenen Bonität unterworfen und hätte sich am Kreditmarkt selbst versorgen müssen, ohne Chance auf den Haftungsschutz des Bundes – ein Modell, wie es auch in den USA zur Anwendung kommt. Ziel bei dieser Variante wäre, das Eigeninteresse der Länder zu stärken, langfristig keine Verschuldung einzugehen, da dies sonst zu einer Kreditsperre führen könnte, wenn die Bonität langfristig abgesenkt würde.[101] Die Kommission konnte sich aber für diesen Ansatz nicht erwärmen.

Als ebenfalls chancenlos erwies sich die Idee, den im Artikel 115 Grundgesetz festgelegten Investitionsbegriff neuzufassen,[102] ebenso wie ein weiterer Vorschlag des Sachverständigenrats zur Begutachtung der gesamtwirtschaftlichen Entwicklung zur Übertragung der Regeln aus dem Europäischen Stabilitäts- und Wachstumspakt auf einen nationalen Stabilitätspakt.[103] Zudem wurde vom Sachverständigenrat eine „langfristige objektbezogene Verschuldungsbegrenzung"[104] ins Spiel gebracht, die im Kern eine Erneuerung des alten Artikels 115 Grundgesetz und die Ausrichtung an der „Goldenen Regel" forderte. Gemeinsam war allen Einreichungen, dass das grundsätzliche Problem einer gescheiterten Schuldenpolitik und Überschuldung nicht in Zweifel gezogen wurde.[105]

In der Sachverständigen-Debatte, wie auch darüber hinaus, sind die skizzierten Ansätze alle gehört und kommentiert worden. In einigen Fällen wurden später Aspekte für die Neufassung der Fiskalregeln übernommen. Besonders die Ansätze der Schweizer Schuldenbremse[106] und Ideen zu einer nationalen Schuldenschranke[107] waren für die Beteiligten zentral. Ausgangspunkt der Debatte dürfte für viele Beteiligten das bereits

---

[101] Vgl. FDP-Bundestagsfraktion, Positionspapier. Ausstieg aus dem Schuldenstaat – Einstieg in mehr Generationengerechtigkeit, in: Kommission von Bundestag und Bundesrat zur Modernisierung der Bund-Länder-Finanzbeziehungen, K-Drs. 094, S. 4.
[102] Statistisches Bundesamt, Staatsverschuldung wirksam begrenzen. Expertise im Auftrag des Bundesministers für Wirtschaft und Technologie, Wiesbaden 2007, S. 3.
[103] Ebd., S. 69.
[104] Vgl. ebd., S. 3; zur tieferen Erläuterung einer Anpassung der „Goldenen Regel" und einer Ausrichtung der Verschuldung an der Nettoinvestition s. S. 73-82.
[105] Einzige Ausnahme bei den Teilnehmern bildete die Fraktion DIE LINKE, die im gesamten Diskurs der Föderalismuskommission II für Maßnahmen der Einnahmensteigerung plädierte.
[106] Vgl. Müller, Christian/Hartwig, Jochen/Frick, Andreas, Eine Schuldenbremse für den deutschen Bundeshaushalt. Ein Vorschlag zur Reform der Haushaltsgesetzgebung, a.a.O.
[107] Vgl. Statistisches Bundesamt, Staatsverschuldung wirksam begrenzen. Expertise im Auftrag des Bundesministers für Wirtschaft und Technologie, Wiesbaden 2007, S. 82-108.

erwähnte Gutachten „Staatverschuldung wirksam begrenzen" des Sachverständigenrats gewesen sein. Das Dokument beschäftigte sich nicht nur mit möglichen Lösungen der Schuldenproblematik, sondern rechnete auch mit den bisherigen Schuldenbestimmungen ab. So stellt das Gutachten fest, dass durch die vielfache Übertragung der „Goldenen Regel" nicht nur der Bundeshaushalt von einem massiven Missverhältnis in der Schuldenpolitik geprägt ist, sondern die „Mängel des Artikel 115 Grundgesetz grundsätzlich auch für die Kreditbegrenzungsvorschriften der Länder"[108] gelten. Ferner stellt der Sachverständigenrat fest:

> „Zweitens ist die Ausnahmesituation bei Störung des gesamtwirtschaftlichen Gleichgewichts zu unkonkret gefasst, so dass eine Berufung auf die Ausnahmesituation zu leicht möglich ist und die Ausnahme deshalb eher zur Regel wird."[109]

Der Sachverständigenrat spielt damit auf den vielfältigen Missbrauch der Regel ohne Not zugunsten höherer Verschuldung an der mangels konkreter Formulierung im Gesetz, noch deutlich gefördert wird. Im Vorgriff ist zu sagen, dass dieser Aspekt auch später bei der Bewertung der neuen Schuldenbremse von Belang sein wird.

Besonders interessant am Kommissionspapier ist, dass es als Minderheitsvotum in die Diskussion eingebracht wurde, da Peter Bofinger, Mitglied des Sachverständigenrats, von den aufgezeigten Lösungen nicht überzeugt war. Vielmehr hielt er – auch das wird später noch deutlicher gezeigt werden – die Schuldenbremse für ein schädigendes Mittel.[110] In der Anhörung der Sachverständigen stellt Hans Meyer dazu fest:

> „Herr Bofinger hat offensichtlich zur Begründung des Schuldenbergs gesagt – ich habe meinen Ohren nicht getraut –, dass die Schuldenmasse eigentlich die Garantie eines stabilen Bank- und Versicherungssystems sei."[111]

Die Verwunderung des Juristen der Humboldt-Universität ist sicherlich dahingehend zu verstehen, dass er sich deutlich für die Abschaffung von Schulden ausspricht und im Kern auch dem Vorschlag einer Schuldnerselbstverantwortung nicht abgeneigt scheint.[112] Auch auf Basis anderer Äußerungen ist zu sehen, dass Bofinger mit seinen

---

[108] Vgl. ebd., S. 71.
[109] Ebd.
[110] Vgl. Bofinger, Peter, Eine andere Meinung: Zur Notwendigkeit einer Schuldenschranke für die deutsche Finanzpolitik, a.a.O., S. 157-171.
[111] Meyer, Hans, in: Kommissionsprotokoll 4. Sitzung, S. 63.
[112] Vgl. ebd.

Ansichten relativ isoliert dasteht.[113] Weitere Kritik an der Position von Herrn Bofinger wird aber selten in der Debatte geäußert, wohl auch, weil Bofinger – soweit aus den Anwesenheitslisten der Protokolle hervorgeht – sich niemals selbst aktiv als Redner in die Kommission eingebracht hat bzw. gar nicht erst anwesend war. Dafür hat er im Nachhinein umso entschiedener Position bezogen, als die Schuldenbremse verabschiedet war.[114]

Hans Meyer hat bei seiner Kritik jedoch nicht nur Herrn Bofinger im Blick, sondern auch andere Positionen des Papiers des Sachverständigenrats. So erklärt er mit Hinblick auf die These, ein generelles Schuldenverbot sei „ähnlich unsinnig, wie Privatleuten oder Unternehmen die Kreditaufnahme zu verbieten"[115]: „Dieser Satz ist unsinnig wie andere unsinnige Sätze."[116] Meyer stellt dabei auf den deutlichen Unterschied zwischen Privatperson und Staat ab und dessen fehlende Verantwortung, wenn es um den Aspekt des Schuldenmachens geht.

Auch Hans-Peter Schneider hat deutliche Kritik an Aspekten des Gutachtens des Sachverständigenrats. Diese bewegt sich aber, im Gegensatz zur Position Meyers, weniger auf einem einfachen Definitions-Aspekt, sondern auf der Ebene eines Verfassungsverstoßes. So argumentiert Schneider bezogen auf die Idee, den Bundesländern vorzuschreiben, dass sie ihre Verfassungen, bezogen auf den Haushaltsausgleich, an Vorschriften des Grundgesetzes ausrichten sollen, dass ein solches Vorgehen „weder politisch akzeptabel"[117] noch „verfassungsgemäß"[118] sei. Der

> „bundesstaatliche Rahmen, innerhalb dessen die Länder bei der Gestaltung ihrer Verfassungen frei sind, [sei] durch die Homogenitätsklausel des Art. 28 Abs. 1 abschließend umrissen und nicht weiter eingrenzbar."[119]

---

[113] Vgl. dazu die Debatte in der Kommission von Bundestag und Bundesrat zur Modernisierung der Bund-Länder-Finanzbeziehungen, Kommissionsprotokoll. Stenografischer Bericht. 4. Sitzung, Berlin 22. Juni 2007.
[114] Vgl. Bofinger, Peter/Horn, Gustav, Die Schuldenbremse gefährdet die gesamtwirtschaftliche Stabilität und die Zukunft unserer Kinder, online abrufbar: http://www.boeckler.de/pdf/imk_appell_schuldenbremse.pdf (Stand: 20.08.2012).
[115] Statistisches Bundesamt, Staatsverschuldung wirksam begrenzen. Expertise im Auftrag des Bundesministers für Wirtschaft und Technologie, Wiesbaden 2007, S. 1.
[116] Meyer, Hans, in: Kommissionsprotokoll 4. Sitzung, S. 63.
[117] Schneider, Hans-Peter, in: Kommissionsprotokoll 4. Sitzung, S. 66.
[118] Ebd.
[119] Ebd.

Auch Charles Beat Blankert hält mit Blick auf eine mögliche Schuldenbremse im Grundgesetz fest, dass „den Ländern keine Schuldenbremsen und dergleichen oktroyiert werden" sollten.[120] In diesem Zusammenhang führt Gebhard Kirchgässner der Universität St. Gallen aus, dass zwar sowohl der Bund wie auch die Länder Schuldenbremsen haben sollten, allerdings „die Länder das relativ unabhängig machen, also nicht irgendwie von oben verordnet. Die Schweiz kann dafür als Vorbild dienen."[121]

An der Grundsätzlichkeit eines Vorbilds möchte sich auch Christian Müller von der Technischen Hochschule Zürich nicht stören, allerdings gibt er zu bedenken, dass es nicht möglich sei, „bestehende Regeln aus anderen Ländern, zum Beispiel der Schweiz, einfach zu kopieren; vielmehr müssen solche Regeln angepasst werden."[122] Müller betont diesen Punkt nicht nur in der mündlichen Debatte, sondern auch in seiner Schriftvorlage „Eine Schuldenbremse für den deutschen Bundeshaushalt", die er im Auftrag der Bundestagsfraktion BÜNDNIS 90/DIE GRÜNEN zusammen mit Jochen Hartwig und Andreas Frick erstellt hat.[123] In dem Papier geben die Autoren nicht nur Auskunft über die mögliche Anwendung einer Schuldenbremse in Deutschland, sondern auch eine Empfehlung für die Schaffung der richtigen Grundvoraussetzungen. So gehen Müller, Hartwig und Frick davon aus, dass „der Erfolg der Schweizer Schuldenbremse [sic!] auch durch die Verabschiedung [sic!] per Volksabstimmung begründet wurde."[124] Dieses Mittel steht der Bundesrepublik jedoch aktuell nicht zur Verfügung.[125]

Die Autoren fassen diesen Aspekt unter das Stichwort „Akzeptanz" und stellen zusätzlich noch die Notwendigkeit von „Motivation" und „Transparenz" in den Mittelpunkt ihrer Argumentation.[126] Demnach sei nicht nur das Interesse der Bürger von Belang gewesen, sondern auch die Motivation der Politiker, überhaupt die Schulden zu

---

[120] Vgl. Blankert, Charles Beat, in: Kommissionsprotokoll 4. Sitzung, S. 52.
[121] Kirchgässner, Gebhard, in: Kommissionsprotokoll 4. Sitzung, S. 59.
[122] Müller, Christian, in: Kommissionsprotokoll 4. Sitzung, S. 64.
[123] Vgl. Müller, Christian/Hartwig, Jochen/Frick, Andreas, Eine Schuldenbremse für den deutschen Bundeshaushalt. Ein Vorschlag zur Reform der Haushaltsgesetzgebung, a.a.O., S. 3.
[124] Ebd., S. 37.
[125] Das deutsche Grundgesetz sieht Volksentscheide nur in Ausnahmen der Gebietsgliederung oder im Wege der Wahl einer neuen Verfassung vor. Die Bundesländer sind jedoch in Teilen in dieser Hinsicht freier. So führte Hessen 2011 eine Volksabstimmung über die Einführung der Schuldenbremse durch.
[126] Vgl. Müller, Christian/Hartwig, Jochen/Frick, Andreas, Eine Schuldenbremse für den deutschen Bundeshaushalt. Ein Vorschlag zur Reform der Haushaltsgesetzgebung, a.a.O., S. 37-43.

begrenzen und den Prozess, wie auch die Schuldenregel selbst, möglichst transparent und eindeutig zu gestalten. Durch diesen Prozess und den Beschluss der Schuldenbremse, so sind sich die Autoren sicher, soll am Ende ein andauerndes politisches Klima geschaffen worden sein, das für eine „zurückhaltende Ausgabenpolitik erforderlich war."[127] Die Wissenschaftler beenden ihre Ausführungen mit der Empfehlung, „die drei Erfolgsfaktoren auch in Deutschland zum Zuge […] kommen [zu] lassen."[128]

Der Logik ist wenig entgegenzusetzen, auch wenn man beachten muss, dass ein grundsätzlich transparenter Prozess in der Schweiz noch notwendiger ist als etwa in anderen europäischen Staaten, da die direkte Demokratie dort besonders stark ausgeprägt ist. Hätte die Politik keine transparente und öffentlich akzeptierte Debatte geführt, gäbe es vielleicht keine eidgenössische Schuldenbremse. Wünschenswert wäre es dennoch, wenn auch nur mit annähernd vergleichbarer Transparenz in der Bundesrepublik Debatten geführt würden, wie sie in der Schweiz für nötig befunden werden.

Wolfgang Renzsch von der Otto-von-Guericke-Universität Magdeburg sieht unter anderem aufgrund dieses Aspekts die Einführung einer Schuldenbremse in Deutschland kritisch. In seiner Stellungnahme zum Thema erklärt er, warum seiner Meinung nach die Schweizer Schuldenbremse für die Bundesrepublik nicht empfehlenswert erscheint und vermutlich auch nicht die gleiche Wirkung entfalten könne wie in der Schweiz:

> „Erstens spricht die unterschiedliche föderale Struktur dagegen. Schweizer Kantone haben erhebliche [sic!] größere finanzpolitische Spielräume sowohl bei der Gestaltung der Ausgaben als auch der Einnahmen als die deutschen Länder. Zweitens – wichtiger noch – wirkt nach Ansicht Schweizer Wissenschaftler [sic!] die Referendumsdemokratie gegen eine wachsende öffentliche Verschuldung. Die Bürger entscheiden unmittelbar über Steuersätze, Kreditaufnahmen und öffentliche Ausgaben."[129]

Auch Clemens Fuest erkennt einen direkten Zusammenhang zwischen dem Erfolg der Schweizer Schuldenbremse und dem Interesse der Bevölkerung:

> „Damit die Politik ein Vorhaben wie die Rückführung der Neuverschuldung auf null umsetzen kann, braucht sie, so meine ich, die Unterstützung der Bevölkerung. In Deutschland sollten sich die Verantwortlichen gerade in den

---
[127] Ebd., S. 37.
[128] Ebd., S. 68.
[129] Renzsch, Wolfgang, Kommission von Bundestag und Bundesrat zur Modernisierung der Bund-Länder-Finanzbeziehungen, K-Drs. 016, S. 6.

höher verschuldeten Ländern fragen: Gibt es wirklich ein Bewusstsein und eine Unterstützung in der Bevölkerung dafür, dass wir diesen Weg gehen müssen?"[130]

Auf Basis dieser Debatte sollte sicherlich die erste Erkenntnis der Kommission gelautet haben: Zur Etablierung einer Schuldenbremse braucht es Rückhalt in der Bevölkerung. Gerade die Entwicklung der letzten Jahre und die immer höher werdenden Schuldenstände, bedingt durch die Euro-Krise, dürften dieses Bewusstsein beim Bürger gesteigert haben. Allerdings stand und steht dabei niemals die Frage nach der Nützlichkeit einer Schuldenbremse im Fokus, sondern nur die Frage nach der Ausgabenpraxis (etwa das Konjunkturpaket im Inland oder die Euro-Hilfen im Ausland). Die Schuldenbremse an sich ist in erster Linie durch die Kritik nach der Verabschiedung und Verortung im Grundgesetz in den Fokus der Debatte geraten –nicht aber, weil Politik oder Kommission abseits ihrer eigenen Ränge (Parlament, Fachpresse) die Öffentlichkeit zum Thema tiefergehend befragt hätten.

Bei aller Kritik an dieser Stelle muss man der Kommission zugutehalten, dass sie zumindest intern eine lebhafte Debatte geführt hat und weiterhin den äußeren Zwängen – etwa dem Ablauf der Legislatur, Neuwahlen und steigender Verschuldung – ausgesetzt war. Auch die spätere umfangreiche Veröffentlichung aller Debattenbeiträge und Kommissionspapiere fällt in den Bereich des grundsätzlichen Transparenz-Willens.

Im Rahmen des Transparenz-Gedankens gibt es auch Äußerungen, die man vielleicht besser zurückgehalten hätte. So führt Fuest aus, dass man nicht vor der Aufgabe stehe, eine Finanzverfassung für die nächsten hundert Jahre auszuarbeiten, die perfekt funktioniere, sondern das vorrangige Ziel darin bestehe, für die nächsten zehn bis zwanzig Jahre die Verschuldung zu bekämpfen.[131]

Sicherlich ist es richtig, dass keine Finanzverfassung ewig hält. Bezogen auf die letzten hundert Jahre hat Deutschland verschiedene Finanzverfassungen erlebt. Allerdings sollte kein grundgesetzlicher Aspekt mit solchen Gedanken „angefasst" werden. Auch gilt bei dem Bestreben des Schuldenabbaus der langfristige Gedanke (Stichwort Generationenvertrag) und nicht nur der kurzfristige Effekt. Im Hinblick auf den im Jahr 2019 auslaufenden Solidarzuschlag und den Länderfinanzausgleich ist die grundsätzliche

---

[130] Fuest, Clemens, in: Kommissionsprotokoll 4. Sitzung, S. 82.
[131] Vgl. Fuest, Clemens, in: Kommissionsprotokoll 4. Sitzung, S. 70.

Ansicht, dass die Finanzverfassung dann möglicherweise erneut überarbeitet werden muss, zwar richtig. Dennoch sollte ein verfassungsrechtliches Gesetz direkt so gewählt werden, dass es nicht als „Baustelle" innerhalb der Verfassung wirkt, sondern funktional ist. Auch im Sinne der Verfassungsklage, die bei unpräzisen Formulierungen oder direkten Verstößen greift, sollte von Anfang an gewissenhafte Arbeit gewährleistet sein.

Der Aspekt der Verfassungsklage wird auch von Meyer während der Kommissionssitzung aufgegriffen, als er empfiehlt: „Lasst die Finger von Klagen!"[132] Ursächlich für die Empfehlung ist der zuvor beschriebene Effekt ungenauer Gesetze oder offener Fragen, die zu lösen man häufig lieber dem Verfassungsgericht überlässt, als sich in der politischen Debatte länger damit zu beschäftigen. Dies ist jedoch Kernaufgabe des Parlaments.

Losgelöst von solchen einzelnen verbalen Provokationen haben sich die Mitglieder des Sachverständigenrats jedoch insgesamt sehr überlegt geäußert. Gerade auch aus der Ausführlichkeit der Debattenbeiträge lässt sich entnehmen, wie gut einzelne Akteure sich in die Materie eingelesen haben, und auch der ursprüngliche Fragenkatalog[133] der Kommission mit über 200 Fragen ist regelmäßig von den Sachverständigen ausführlich beantwortet und kommentiert worden. Auf Basis dieser Einlassungen wurden letztlich die folgenden Überlegungen der Kommission gelenkt. Gerade zentrale Aspekte wie die Frage nach der Einführung einer Schuldenbremse,[134] ihre transparente Implementierung in Bund- und Länderverfassungen[135] und die Ausgestaltung der Mechanismen[136] wurden kontrovers diskutiert und vorgebracht.

Im Zusammenspiel mit den Politikern der Föderalismuskommission II entstand daraus die heutige gültige Fassung im Grundgesetz – nach Meinung vieler Sachverständiger die einzig sinnvolle Lösung für Deutschland. Dennoch blieb Kritik an der

---

[132] Meyer, Hans, in: Kommissionsprotokoll 4. Sitzung, S. 85.
[133] Vgl. Fragenkatalog für die öffentliche Anhörung zu den Finanzthemen am Freitag, dem 22. Juni 2007, in: Kommission von Bundestag und Bundesrat zur Modernisierung der Bund-Länder-Finanzbeziehungen, K-Drs. 011.
[134] Vgl. u.a. Feld, Lars P., in: Kommissionsprotokoll 4. Sitzung, S. 52-53; Häde, Ulrich, in: Kommissionsprotokoll 4. Sitzung, S. 72.
[135] Vgl. Statistisches Bundesamt, Staatsverschuldung wirksam begrenzen. Expertise im Auftrag des Bundesministers für Wirtschaft und Technologie, Wiesbaden 2007, S. 97.
[136] Vgl. zum Stabilitätsrat: Feld, Lars P., in: Kommissionsprotokoll 4. Sitzung, S. 53; zur Nettokreditaufnahme: Lenk, Thomas, in: Kommissionsprotokoll 4. Sitzung, S. 62.

Bremse während und besonders nach der Implementierung in das Grundgesetz nicht aus.

2.2.2.3 Das politische Klima während der Kommissionsarbeit

Bevor es an die Beurteilung der Schuldenbremse geht, soll in einem letzten Abschnitt zur Arbeit der Föderalismuskommission II ein kurzer Blick auf das Zusammenspiel der Akteure in der Kommission geworfen werden. Projekte scheitern häufig an inneren Zwistigkeiten der Akteure, und auch Parlamente und Kommissionen sind von solchen Problemen nicht frei. Gerade lange Sitzungen und andauernde Anspannung können Zusammenarbeit und Beschlüsse (negativ) beeinflussen. Die Frage, ob solche Debatten die Arbeit der Kommission beeinträchtigt haben und einzelne Aspekte vielleicht um des Friedens willen gestrichen oder modifiziert wurden, ist nicht uninteressant – auch, weil die Folgen manchmal zum Zeitpunkt der Entscheidung nicht absehbar sind. Was passiert etwa, wenn die beiden Vorsitzenden sich zerstreiten? Und wie sachlich kann ein Umgangston bei zunehmendem Stress sein? Die Kommissionsprotokolle liefern hier und da einen kleinen Einblick, den es zu untersuchen lohnt.

Nach der Lektüre sämtlicher Protokolle der Föderalismuskommission kann man festhalten, dass grundsätzlich der schon von Oettinger in der 1. Sitzung beschworene Grundgedanke der „[...] Objektivität, Aufmerksamkeit, Fairness, Kompromissbereitschaft und Erfolgsbezogenheit [...]"[137] hauptsächlich vorherrschte, allerdings gegen Ende seine Einschränkung fand. Für die Debatte rund um die Föderalismusreform erscheint dies auch der angemessene Rahmen zu sein, da durch Anspannung und Unsachlichkeiten sicherlich ein Scheitern im Rahmen des Möglichen gelegen hätte. Besonders den Vorsitzenden Oettinger und Struck ist jedoch zugutezuhalten, dass sie ganz im Rahmen ihrer Tätigkeit als Moderatoren agierten.[138]

Doch auch Vorsitzende sind nur Menschen, und so ist mit zunehmender Intensität der Debatte auch eine teilweise stärkere Gereiztheit zu verspüren. Dies zeichnet sich

---

[137] Oettinger, Günther H., in: Kommissionsprotokoll 1. Sitzung, S. 5.
[138] Oettinger, Günther H., in: Kommissionsprotokoll 1. Sitzung, S. 5:„Ich sage Ihnen, Herr Dr. Struck: ‚Ko-Vorsitz' heißt für mich nicht ‚Kontra', sondern konstruktiv, kollegial, kompromissbereit und am Erfolg orientiert."

gerade in zwei längeren Debatten innerhalb der Beschlusssitzung 17 ab.[139] Im Rahmen der Diskussion geht es dabei um eine bereits beschlossene Regelung der neuen Schuldenbremse, die von Ministerpräsident Seehofer als beschlossen abgestritten wird.[140] Daraufhin entspinnt sich eine Diskussion zwischen den Teilnehmern Seehofer und Struck, die sich um die Richtigkeit einer Abstimmung dreht. Während sowohl Struck als auch der in seiner Funktion als Protokollführer angerufene de Maizière den Sachverhalt bestätigen, streitet Seehofer den Beschluss weiterhin ab[141] und führt nach kurzer Diskussion aus: „Warum seid ihr denn so nervös?"[142] Struck erwidert darauf: „Herr de Maizière hat eben gesagt, diese Aussage sei falsch. Sie ist wirklich falsch."[143] Verkürzt gesagt folgt darauf eine Abfolge von Verneinungen und Bestätigungen beider Politiker, die in der Entscheidung von Struck gipfelt, das Thema abzubrechen und die Beschlussfassung noch einmal anzufordern. Struck erteilt daraufhin das Wort Fritz Kuhn, der seine Rede mit der Kritik beginnt:

> „Herr Struck, Herr Oettinger, es gehört sicherlich zu den illustren Teilen meiner politischen Erfahrung, dass sich in einer Runde dieser Art zwei Koalitionspartner darüber streiten, was sie denn nun beschlossen haben. Das ist neu; das habe ich noch nicht erlebt."[144]

Und führt weiter aus:

> „Das ist ein deutliches Zeichen für fehlende Geschlossenheit und für einen gewissen politischen Stil. Ich sage das, weil Szenen wie die, die wir gerade erlebt haben, Auswirkungen auf die Einigungsfähigkeit am heutigen Tag haben."[145]

Was als Personenkritik beginnt, entwickelt sich in der weiteren Ausführung von Kuhn zu einer Abrechnung mit dem aktuellen Entwicklungsstand der Fiskalregel, und er warnt: „Vom Verlauf des heutigen Tages wird abhängen, ob es einen Kompromiss gibt."[146] Dieser – so wird im weiteren Verlauf deutlich – ist zwar weiterhin gewollt,[147]

---

[139] Vgl. Struck, Peter, in: Kommission von Bundestag und Bundesrat zur Modernisierung der Bund-Länder-Finanzbeziehungen, Kommissionsprotokoll. Stenografischer Bericht. 17. Sitzung, Berlin 5. Februar 2009, S. 504; Struck, Peter, in: Kommissionsprotokoll 17. Sitzung, S. 524-529.
[140] Vgl. Seehofer, Horst, in: Kommissionsprotokoll 17. Sitzung, S. 503: „Ich möchte zuallererst sagen, […] dass das, was jetzt vorliegt, nirgendwo so beschlossen worden ist."
[141] Vgl. ebd., S. 504.
[142] Ebd.
[143] Struck, Peter, in: Kommissionsprotokoll 17. Sitzung, S. 504.
[144] Kuhn, Fritz, in: Kommissionsprotokoll 17. Sitzung, S. 504.
[145] Ebd.
[146] Ebd.
[147] Vgl. Friedrich, Hans-Peter (Hof), in: Kommissionsprotokoll 17. Sitzung, S. 508 f.

aber zugleich auch sehr fragil. Immer wieder kommt es im Debattenverlauf neben einigen auflockernden Bemerkungen, die laut Protokoll zu „Heiterkeit" führen, doch zu Reibereien. So fragt Struck nach der Ablehnung seines Konzeptentwurfs durch Finanzminister Linssen aus Nordrhein-Westfalen: „Was wollen Sie eigentlich? Die 0,5 Prozent lehnen Sie ab. Sie lehnen alles ab."[148]

Linssen äußert sich darauf noch einmal zu seinen Motiven und erhält dann von Oettinger das Angebot zur weiteren Erklärung des diskutierten Konzepts. Nach diesem Redebeitrag lässt Struck Linssen nicht mehr zu Wort kommen, sondern fordert zum Weitermachen in der Rednerliste auf.[149]

Nach anschließender Pause und weiterer Beratung kommt es erneut zu einem harschen Meinungsaustausch, diesmal jedoch zwischen Oettinger und dem zuvor genannten Kuhn. Oettinger erwähnt mit einer gewissen Ironie, dass Kuhn und die grüne Fraktion für 18:30 Uhr eine Pressekonferenz anberaumt hätten über die Ergebnisse der Verhandlungen – amüsant ist dabei ein kleines Detail: Es gibt noch gar keine Ergebnisse. Kuhn reagiert auf diese Aussage mit den Worten: „Das haben wir schon um 15.00 Uhr abgesagt, nachdem wir festgestellt haben, dass Sie nicht vorankommen, Herr Oettinger."[150]

Oettinger übergeht die Spitze und verweist darauf, dass seine Aussage nicht böse gemeint sei. Daraufhin kehrt bis auf Weiteres in die Diskussion eine gewisse Ruhe ein, die sich schließlich an der Frage nach der Höhe eines Schuldenfonds neu entzündet.[151] Überraschenderweise ist es Bundesfinanzminister Steinbrück, der mit den Vorsitzenden deutlich aneinander gerät. Überraschend daher, weil er zuvor noch durch kleinere Anmerkungen immer wieder für „Heiterkeit" unter den Anwesenden gesorgt hatte.[152] Doch in der Frage eines Schuldenfonds zeigt sich der Bundesfinanzminister plötzlich

---

[148] Struck, Peter, in: Kommissionsprotokoll 17. Sitzung, S. 510.
[149] Vgl. ebd., S. 511.
[150] Kuhn, Fritz, in: Kommissionsprotokoll 17. Sitzung, S. 512.
[151] Vgl. Oettinger, Günther H./Struck, Peter/Steinbrück, Peer, in: Kommissionsprotokoll 17. Sitzung, S. 525 f.
[152] Vgl. Steinbrück, Peer, in: Kommissionsprotokoll 17. Sitzung, S. 504; Steinbrück, Peer, in: Kommissionsprotokoll 17. Sitzung, S. 505; Steinbrück, Peer, in: Kommissionsprotokoll 17. Sitzung, S. 525.

nicht nur unnachgiebig, sondern auch gereizt.[153] Mag es an der Uhrzeit liegen – laut Protokoll muss es ungefähr 22 Uhr sein, als das Gespräch entgleist – oder an der bereits mehrfach geführten Debatte zu dem Thema: Steinbrück scheint Oettinger „in den Boden stampfen" zu wollen.

Auch auf Ermahnungen von Struck, der immerhin seiner eigenen Fraktion angehört, reagiert der Politiker nicht. Im Verlauf der weiteren Debatte geht Struck schließlich sogar soweit, Steinbrück, der zu diesem Zeitpunkt meistens herein gerufen zu haben scheint, gänzlich das Wort zu verbieten.[154] Steinbrück, der dennoch ein Mikrofon zu erhalten scheint – er wird nun gemäß der Protokollschrift wieder mit Überschrift und Redebeitrag geführt, statt abgesetzt in Klammern – betont abermals seine Verneinung zu der Sachlage, was wiederum Struck schließlich dazu bringt, zu resignieren.[155] Die Gemüter scheinen aber insgesamt bereits so erhitzt zu sein, dass nach einigen weiteren Zwischenrufen Struck auch noch fordert: „Ein bisschen mehr Disziplin!"[156] Im weiteren Verlauf ist es wiederum Kuhn, der schließlich kritisiert:

> „Ich will nur Folgendes festhalten: Vor der letzten Pause hat man gesagt, es würde um 20.30 Uhr [sic!] ein Eckpunktepapier geben, über das wir heute noch entscheiden können. Jetzt hat man das auf nächsten Donnerstag verlegt. Das bedeutet, wir haben heute keinen Kompromiss gefunden, sondern wir haben uns vertagt. – Ich sage das nur, damit wir über das Gleiche reden."[157]

Am Ende des Debattentages – es ist 22:39 Uhr – wird Kuhn halbwegs recht behalten, denn auch wenn trotzdiverser kleinerer Einlassungen und unsachlicher Diskussionen insgesamt einige Beschlüsse konkretisiert worden sind, so muss doch erklärt werden: „Es ist noch nichts vereinbart."[158] Der Vorsitzende Struck zielt damit aber nicht etwa resignierend als Fazit auf den Debattentag ab, sondern behält sich diese Mahnung mit Blick auf die kommenden Presse-Interviews vor. Dies tut er geflissentlich auch, weil

---

[153] Vgl. Oettinger, Günther H./Struck, Peter/Steinbrück, Peer, in: Kommissionsprotokoll 17. Sitzung, S. 525 f.: Steinbrück unterbricht nicht nur mehrfach Oettinger in seinem Versuch, eine konstruktive Erklärung auszuführen, sondern verbietet ihm sogar das Wort: „Brechen Sie die Sache ab! […] Schluss mit der Geschichte […] Lass es sein!"
[154] Vgl. Struck, Peter, in: Kommissionsprotokoll 17. Sitzung, S. 526: Auf die mehrfache Forderung „Mikrofon!" erwidert Struck: „Er ist dagegen. Mehr brauche ich nicht zu sagen."
[155] Vgl. Struck, Peter, in: Kommissionsprotokoll 17. Sitzung, S. 526:„Okay, dann bleiben wir jetzt dabei."
[156] Ebd., S. 527.
[157] Kuhn, Fritz, in: Kommissionsprotokoll 17. Sitzung, S. 529.
[158] Struck, Peter, in: Kommissionsprotokoll 17. Sitzung, S. 547.

der Druck auf die Kommission hoch ist. So erklärte schon in der 9. Sitzung der Kommission Volker Wissing:

> „Wie man kürzlich im Behörden Spiegel lesen konnte, sind die Erwartungen an die Föderalismuskommission gering und werden nur noch von ihren tatsächlichen Ergebnissen unterboten. Manche spotten über die Kommission, hier kreiße [sic!] ein Papierberg, der eine Maus gebiert. Ich finde, angesichts dieser Prognosen sollte man schon nachdenklich werden."[159]

Dies wiederum erklärt auch, warum gewisse Aspekte und Probleme mit einer zunehmenden Gereiztheit diskutiert werden. Gerade dann, wenn „externe" Reputationen auf dem Spiel stehen, wie etwa die des Bundesfinanzministers oder der Bundesregierung, dürfte die Debatte an Fahrt zugenommen haben. Auch der Druck, für Ergebnisse zu sorgen, stieg und erreichte teilweise sicherlich genau das Gegenteil: Wie man dem beschriebenen Ausschnitt aus der 17. Kommissionssitzung entnehmen kann, führten die Streitigkeiten nicht zuletzt dazu, dass verschiedene Thematiken vertagt wurden.[160]

Manche Themen wurden – je nach Diskussionsstand – auch nicht mehr aufgenommen. Die Schuldenbremse aber sollte verabschiedet werden. Vor diesem Hintergrund ist es nicht verwunderlich, dass manch anderes Thema stiefmütterlich beiseite gewischt wurde. Dieser These mögen die Worte Oettingers entgegenstehen, der zum Ende der Kommissionsarbeit erklärt:

> „Ich danke Ihnen für eine sehr sachorientierte, streitige, aber faire Gesamtberatung, bei der jeder, wie ich glaube, die Aufgabe der Kommission in ihrer Gesamtheit und nicht nur seine Interessen gesehen hat. Dieser Dank gilt den ordentlichen Mitgliedern und den stellvertretenden Mitgliedern. Ich danke unserer Geschäftstelle [sic!] sehr herzlich."[161]

Mit diesen Worten mag Oettinger sicherlich ebenfalls recht haben und dennoch bleibt die Frage: Hätte es manchen Nebenschauplatz und Widerstand nicht gegeben – wie hätten dann die Beschlüsse am Ende ausgesehen? Auf der anderen Seite sei auch die Gegenfrage erlaubt: Was wäre wohl geschehen, wenn die beiden Vorsitzenden die Beratungen an einem der Streitpunkte hätten platzen lassen? Von daher ist es wohl vor

---

[159] Wissing, Volker, in: Kommissionsprotokoll 9. Sitzung, S. 278.
[160] Vgl. Wissing, Volker, in: Kommission von Bundestag und Bundesrat zur Modernisierung der Bund-Länder-Finanzbeziehungen, Kommissionsprotokoll. Stenografischer Bericht. 18. Sitzung, Berlin 12. Februar 2009, S. 568: „[...] vielmehr muss es dann, [...] möglich sein, dass man darüber spricht. Wenn diese Möglichkeit von vornherein abgeblockt wird, ist das vielleicht nicht unbedingt eine der Kompromissfindung dienende Reaktion."
[161] Oettinger, Günther H., in: Kommissionsprotokoll 19. Sitzung, S. 616.

allem der Verdienst von Oettinger und Struck, das die Föderalismusreform II – zumindest auf dem Papier – erfolgreich abgeschlossen wurde. Im folgenden Kapitel 2.3 wird es nun um die tatsächlichen Praxiserfolge der Kommission gehen.

2.3 Zur Beurteilung der Schuldenbremse auf Bundesebene

2.3.1 Erläuterungen der Beschlussfassung im Grundgesetz und offene Fragen

Die Fiskalpolitik der Bundesrepublik Deutschland in ihren bisherigen Formen ist, so viel sollte aus den ersten Erläuterungen hervorgegangen sein, kein Erfolgsmodell gewesen. Dies lag sicherlich zu einem großen Teil auch an der Steuerung der Politik, die auf eine flexible Schuldenregel angewiesen ist.

Das jetzt gewählte Modell der Schuldenbremse ist angeblich deutlich präziser in den Formulierungen und vor allem – das erschien auch in der Debatte wichtig – weniger beeinflussbar. Welche Unterschiede, Nachteile und Vorteile zur bisherigen Schuldenregel daraus entstehen könnten, soll zunächst in einer kleinen Analyse des Verfassungstexts geprüft werden.

Hierbei werden die zentralen Artikel 115 Grundgesetz für die Schuldenbremse des Bundes, Artikel 109 Grundgesetz für die Schuldenbremse im Bund-Länder-Bezug und Artikel 143 d Absatz 1 Grundgesetz für die Übergangszeit bis 2019 näher betrachtet.

Artikel 115 Grundgesetz (alt)	Artikel 115 Grundgesetz (neu)	Anmerkung
Absatz 1		
[1] Die Aufnahme von Krediten sowie die Übernahme von Bürgschaften, Garantien oder sonstigen Gewährleistungen, die zu Ausgaben in künftigen Rechnungsjahren führen können, bedürfen einer der Höhe nach bestimmten oder bestimmbaren Ermächtigung durch Bundesgesetz.	Die Aufnahme von Krediten sowie die Übernahme von Bürgschaften, Garantien oder sonstigen Gewährleistungen, die zu Ausgaben in künftigen Rechnungsjahren führen können, bedürfen einer der Höhe nach bestimmten oder bestimmbaren Ermächtigung durch Bundesgesetz.	Satz 1 entspricht dem bisherigen Satz 1. Satz 2 und 3 entfallen.

² Die Einnahmen aus Krediten dürfen die Summe der im Haushaltsplan veranschlagten Ausgaben für Investitionen nicht überschreiten; Ausnahmen sind nur zulässig zur Abwehr einer Störung des gesamtwirtschaftlichen Gleichgewichts.

³ Das Nähere wird durch Bundesgesetz geregelt.

Absatz 2

Für Sondervermögen des Bundes können durch Bundesgesetz Ausnahmen von Absatz 1 zugelassen werden.	¹ Einnahmen und Ausgaben sind grundsätzlich ohne Einnahmen aus Krediten auszugleichen. ² Diesem Grundsatz ist entsprochen, wenn die Einnahmen aus Krediten 0,35 vom Hundert im Verhältnis zum nominalen Bruttoinlandsprodukt nicht überschreiten. ³ Zusätzlich sind bei einer von der Normallage abweichenden konjunkturellen Entwicklung die Auswirkungen auf den Haushalt im Auf- und Abschwung symmetrisch zu berücksichtigen. ⁴Abweichungen der tatsächlichen Kreditaufnahme von der nach Satz 1 bis 3 zulässigen Kreditobergrenze werden auf einem Kontrollkonto erfasst; Belastungen, die den Schwellenwert von 1,5 vom Hundert im Verhältnis zum nominalen	Der bisherige Absatz 2 wird deutlich vertieft und mit Regeln ausgestaltet. Besonders die ehemaligen „Ausnahmen zur Abwehr einer Störung des gesamtwirtschaftlichen Gleichgewichts" werden abgeschafft. In Satz 1 wird festgelegt, dass in Zukunft der Haushalt ohne Nettokreditaufnahme auskommen muss. Die nachfolgenden Sätze begrenzen und vertiefen die Erläuterungen unüblich deutlicher als viele andere Verfassungstexte.[162] Satz 2 normiert die zulässige strukturelle Verschuldung des Bundes deutlicher als bisher und koppelt die

---

[162] Vgl. Struck, Peter, in: Plenarprotokoll des Deutschen Bundestags, 16/215, S. 23364 f.: „Wir haben als Juristen gelernt, eine Verfassung solle klar und einfach formuliert sein. Was wir jetzt aufgeschrieben haben, ist mit Verfassungsästhetik kaum zu vergleichen.", Seite 23364. Kritiker sehen in dieser Verkomplizierung des Verfassungsrechts eine deutliche Hürde für die Bürgernähe und halten diesen Grad der Detailtiefe im Verfassungstext für falsch. Die Vertiefung der Kritik findet sich unter Kapitel 2.3.

	Bruttoinlandsprodukt überschreiten, sind konjunkturgerecht zurückzuführen.	Verschuldungshöhe an das Bruttoinlandsprodukt (BIP).[163]
	⁵ Näheres, insbesondere die Bereinigung der Einnahmen und Ausgaben um finanzielle Transaktionen und das Verfahren zur Berechnung der Obergrenze der jährlichen Nettokreditaufnahme unter Berücksichtigung der konjunkturellen Entwicklung auf der Grundlage eines Konjunkturbereinigungsverfahrens sowie die Kontrolle und den Ausgleich von Abweichungen der tatsächlichen Kreditaufnahme von der Regelgrenze regelt ein Bundesgesetz.	Satz 3 erweitert den Spielraum aus Satz 2: In Abhängigkeit von der Konjunktur darf der Haushalt in schlechten Zeiten dadurch normiert mehr Schulden aufnehmen. In besonders guten Zeiten muss er Überschüsse zur Tilgung verwenden. Dadurch erhält der Bund zusätzliche Möglichkeiten, Schulden aufzunehmen und abzuzahlen. Hierin liegt ein Unterschied zum „Schweizer Original". Dort ist die Verschuldungsgrenze fixiert.[164]
	⁶ Im Falle von Naturkatastrophen oder außergewöhnlichen Notsituationen, die sich der Kontrolle des Staates entziehen und die staatliche Finanzlage erheblich beeinträchtigen, können diese Kreditobergrenzen aufgrund eines Beschlusses der Mehrheit der Mitglieder des Bundestages überschritten werden.	Satz 4 sichert den Vollzug der Schuldenbremsen und legt für die Verbuchung ein Kontrollkonto fest. Auf diesem soll direkt ermittelbar sein, wie hoch die strukturelle Verschuldung aktuell tatsächlich ist. Überschreitet der Verschuldungsspielraum die Grenze von 1,5 Prozent des BIP, muss die Summe zurückgeführt werden.
	⁷ Der Beschluss ist mit einem Tilgungsplan zu verbinden.	
	⁸ Die Rückführung der nach Satz 6 aufgenommenen Kredite hat binnen eines angemessenen Zeitraumes zu erfolgen.	

---

[163] Kritiker sehen die in Satz 2 und 3 formulierte Trennung von struktureller und konjunktureller Verschuldung als problematisch an, da sie methodische Probleme mit sich bringt. Der Austausch von Argumenten zu diesem Thema findet sich in Kapitel 2.3.

[164] Vgl. die Ausführungen zur Funktion und Kritik der Schweizer Schuldenbremse im Kapitel 2.2.2.1.

Satz 5 gleicht die deutsche Schuldenregel an den europäischen Stabilitäts- und Wachstumspakt an, da auch dort ein Konjunkturbereinigungsverfahren zum Tragen kommt. Auf diesem Weg soll die Ermittlung der Konjunktur und damit die Vergleichbarkeit auf europäischer und nationaler Ebene gewährleistet werden.

Satz 6 legt Ausnahmen fest. Kritiker sehen in diesem Satz eine deutliche Schwachstelle, da nach ihrer Meinung die Schuldenbremse auf diesem Wege völlig ausgehebelt werden kann.[165]

Auch in Satz 7 und Satz 8 liegt eine Schwachstelle: Zwar wird ein Tilgungsplan der Verschuldung für Ausnahmefälle gefordert. Zeitraum und Höhe der Tilgungen bleiben aber dem Parlament frei. Dies wird ebenfalls kritisiert.

---

[165] Vgl. zur Kritik an den Begrenzungsfaktoren Kapitel 2.3.

Artikel 109 Grundgesetz (alt)	Artikel 109 Grundgesetz (neu)	Anmerkungen
Absatz 1		
Bund und Länder sind in ihrer Haushaltswirtschaft selbständig und voneinander unabhängig.	Bund und Länder sind in ihrer Haushaltswirtschaft selbständig und voneinander unabhängig.	Absatz 1 ist in beiden Fassungen identisch.
Absatz 2		
Bund und Länder haben bei ihrer Haushaltswirtschaft den Erfordernissen des gesamtwirtschaftlichen Gleichgewichts Rechnung zu tragen.	Bund und Länder erfüllen gemeinsam die Verpflichtungen der Bundesrepublik Deutschland aus Rechtsakten der Europäischen Gemeinschaft auf Grund [sic!] des Artikels 104 des Vertrags zur Gründung der Europäischen Gemeinschaft zur Einhaltung der Haushaltsdisziplin und tragen in diesem Rahmen den Erfordernissen des gesamtwirtschaftlichen Gleichgewichts Rechnung.	Absatz 2 erfährt eine deutliche Präzisierung in Bezug auf die Europäische Union. Dadurch verpflichten sich nun Bund und Länder nicht nur wie bisher dem nationalen gesamtwirtschaftlichen Gleichgewicht, sondern auch der Einhaltung der Haushaltsplanung in Übereinstimmung mit den europäischen Gesamtbeschlüssen, – und somit auch den Maastricht-Kriterien.
Absatz 3		
Durch Bundesgesetz, das der Zustimmung des Bundesrates bedarf, können für Bund und Länder gemeinsam geltende Grundsätze für das Haushaltsrecht, für eine konjunkturgerechte Haushaltswirtschaft und für eine mehrjährige Finanzplanung aufgestellt werden.	[1] Die Haushalte von Bund und Ländern sind grundsätzlich ohne Einnahmen aus Krediten auszugleichen. [2] Bund und Länder können Regelungen zur im Auf- und Abschwung symmetrischen Berücksichtigung der Auswirkungen einer von der Normallage abweichenden konjunkturellen Entwicklung sowie eine Ausnahmeregelung für Naturkatastrophen	Anders als bisher werden in Absatz 3 die Regeln für Bund und Länder massiv verschärft. Kritiker sehen in Absatz 3 einen Verstoß gegen die Unabhängigkeit der Länder gemäß Artikel 79.[166] Satz 2 erlaubt Bund und Ländern Freiheiten in der Gestaltung der Regelung von Einnahmen und Ausga-

---

[166] Siehe hierzu in Kapitel 3.2 zur Beurteilung der Schuldenbremse im Bund-Länder-Kontext.

	oder außergewöhnliche Notsituationen, die sich der Kontrolle des Staates entziehen und die staatliche Finanzlage erheblich beeinträchtigen, vorsehen.	ben, verpflichtet sie jedoch grundsätzlich auf Satz 1. Auch wird hier die Möglichkeit von Ausnahmen durch Notsituationen und Naturkatastrophen für beide Seiten festgelegt.
	³ Für die Ausnahmeregelung ist eine entsprechende Tilgungsregelung vorzusehen.	
	⁴ Die nähere Ausgestaltung regelt für den Haushalt des Bundes Artikel 115 mit der Maßgabe, dass Satz 1 entsprochen ist, wenn die Einnahmen aus Krediten 0,35 vom Hundert im Verhältnis zum nominalen Bruttoinlandsprodukt nicht überschreiten.	Satz 3 regelt einen Tilgungsplan für Ausgaben, die durch die Ausnahmen aus Satz 2 getroffen wurden.
		Satz 4 legt Artikel 115 Grundgesetz als maßgeblich für die Ausgestaltung auf Bundesebene fest.
	⁵ Die nähere Ausgestaltung für die Haushalte der Länder regeln diese im Rahmen ihrer verfassungsrechtlichen Kompetenzen mit der Maßgabe, dass Satz 1 nur dann entsprochen ist, wenn keine Einnahmen aus Krediten zugelassen werden.	Satz 5 regelt die grundsätzliche Freiheit der Länder bei der Finanzwirtschaft, beschränkt jedoch die Ausgaben-Seite bezogen auf Kredite auf 0. Wie bereits erwähnt führt besonders dieser Satz innerhalb von Artikel 109 zur Hauptkritik und zur Überlegung der Anrufung des Bundesverfassungsgerichts zur Feststellung eines Verfassungsbruchs.[167]

---

[167] Vgl. die Klage von Schleswig-Holstein vor dem Bundesverfassungsgericht (BVerfG, 2 BvG 1/10) und die Organklage von DIE LINKE vor dem Bremer Staatsgerichtshof (St 1/09). Mehr dazu auch im Kapitel 3.1.2.

Absatz 4		
[1] Zur Abwehr einer Störung des gesamtwirtschaftlichen Gleichgewichts können durch Bundesgesetz, das der Zustimmung des Bundesrates bedarf, Vorschriften über 1. Höchstbeträge, Bedingungen und Zeitfolge der Aufnahme von Krediten durch Gebietskörperschaften und Zweckverbände und 2. eine Verpflichtung von Bund und Ländern, unverzinsliche Guthaben bei der Deutschen Bundesbank zu unterhalten (Konjunkturausgleichsrücklagen), erlassen werden. [2] Ermächtigungen zum Erlaß [sic!] von Rechtsverordnungen können nur der Bundesregierung erteilt werden. [3] Die Rechtsverordnungen bedürfen der Zustimmung des Bundesrates. [4] Sie sind aufzuheben, soweit der Bundestag es verlangt; das Nähere bestimmt das Bundesgesetz.	Durch Bundesgesetz, das der Zustimmung des Bundesrates bedarf, können für Bund und Länder gemeinsam geltende Grundsätze für das Haushaltsrecht, für eine konjunkturgerechte Haushaltswirtschaft und für eine mehrjährige Finanzplanung aufgestellt werden.	Der neue Absatz 4 entspricht dem ehemaligen Absatz 3. Der bisherige Absatz 4 wird aufgehoben.
Absatz 5		
[1] Verpflichtungen der Bundesrepublik Deutschland aus Rechtsakten der Europäischen Gemeinschaft auf Grund [sic!] des Artikels 104 des Vertrags zur Gründung der Europäischen Gemeinschaft zur Einhaltung der Haushaltsdisziplin sind von Bund und Ländern gemeinsam zu erfüllen. [2] Sanktionsmaßnahmen der Europäischen Gemeinschaft	[1] Sanktionsmaßnahmen der Europäischen Gemeinschaft im Zusammenhang mit den Bestimmungen in Artikel 104 des Vertrags zur Gründung der Europäischen Gemeinschaft zur Einhaltung der Haushaltsdisziplin tragen Bund und Länder im Verhältnis 65 zu 35. [2] Die Ländergesamtheit trägt solidarisch 35 vom Hundert der auf die Länder entfallen-	Absatz 5 stellt eine Folgeänderung von Absatz 2 dar und legt fest, in welcher Form Sanktionen, die aus Verstößen gegen die Maastricht-Kriterien folgen, auf Bund und Länder umgelegt werden können.

tragen Bund und Länder im Verhältnis 65 zu 35. ³ Die Ländergesamtheit trägt solidarisch 35 vom Hundert der auf die Länder entfallenden Lasten entsprechend ihrer Einwohnerzahl; 65 vom Hundert der auf die Länder entfallenden Lasten tragen die Länder entsprechend ihrem Verursachungsbeitrag. ⁴ Das Nähere regelt ein Bundesgesetz, das der Zustimmung des Bundesrates bedarf.	den Lasten entsprechend ihrer Einwohnerzahl; 65 vom Hundert der auf die Länder entfallenden Lasten tragen die Länder entsprechend ihrem Verursachungsbeitrag. ³ Das Nähere regelt ein Bundesgesetz, das der Zustimmung des Bundesrates bedarf.	

	Artikel 143 d Absatz 1 (neu)	**Anmerkungen**
Absatz 1		
	¹ Artikel 109 und 115 in der bis zum 31. Juli 2009 geltenden Fassung sind letztmals auf das Haushaltsjahr 2010 anzuwenden. Artikel 109 und 115 in der ab dem 1. August 2009 geltenden Fassung sind erstmals für das Haushaltsjahr 2011 anzuwenden; am 31. Dezember 2010 bestehende Kreditermächtigungen für bereits eingerichtete Sondervermögen bleiben unberührt. ² Die Länder dürfen im Zeitraum vom 1. Januar 2011 bis zum 31. Dezember 2019 nach Maßgabe der geltenden landesrechtlichen Regelungen von den Vorgaben des Artikels 109 Absatz 3 abweichen. ³ Die Haushalte der Länder sind so aufzustellen, dass im Haushaltsjahr 2020 die Vor-	143 d ist neu in das Grundgesetz aufgenommen worden und regelt die Übergangszeit bis 2020. Erst ab diesem Zeitpunkt sind die Länder zur Einhaltung der Schuldenbremse verpflichtet. In Satz 1 legt das Gesetz zudem fest, dass der Bund bereits 2011 erstmals von den neuen Kreditbestimmungen Gebrauch machen muss. Die Bundesregierung hat diesem Satz entsprochen. In Satz 2 sind Ausnahmen für die Länder bis 2019 taxiert, da die aktuelle Verschul-

		gabe aus Artikel 109 Absatz 3 Satz 5 erfüllt wird. ⁴ Der Bund kann im Zeitraum vom 1. Januar 2011 bis zum 31. Dezember 2015 von der Vorgabe des Artikels 115 Absatz 2 Satz 2 abweichen. ⁵ Mit dem Abbau des bestehenden Defizits soll im Haushaltsjahr 2011 begonnen werden. Die jährlichen Haushalte sind so aufzustellen, dass im Haushaltsjahr 2016 die Vorgabe aus Artikel 115 Absatz 2 Satz 2 erfüllt wird; das Nähere regelt ein Bundesgesetz.	dungspolitik und ihre Regeln oftmals von den Bestimmungen des Artikels 109 Absatz 3 („keine Schulden für die Länder") abweichen. Satz 3 verpflichtet die Länder auf Einhaltung von Artikel 109. Er wird daher im Hinblick auf den Eingriff in die Autonomie der Länder ebenfalls kritisch gesehen. Satz 4 gibt dem Bund Abweichungsmöglichkeiten bis ins Jahr 2015, da bei einer vollen Entfaltung des Regelwerks zum Jahr 2011 bereits gegen die Schuldenbremse verstoßen worden wäre. Satz 5 verpflichtet den Bund dazu, bereits ab 2011 den Schuldenabbau voranzutreiben.
Absatz 2			
		¹ Als Hilfe zur Einhaltung der Vorgaben des Artikels 109 Absatz 3 ab dem 1. Januar 2020 können den Ländern Berlin, Bremen, Saarland, Sachsen-Anhalt und Schleswig-Holstein für den Zeitraum 2011 bis 2019 Konsolidierungshilfen aus dem Haushalt des Bundes in Höhe von insgesamt 800 Millionen Euro jährlich gewährt werden. ² Davon entfallen auf Bremen 300 Millionen Euro, auf das	Absatz 2 regelt maßgeblich Finanzierungshilfen für völlig überschuldete Länder durch den Bund. Ohne Finanzierungshilfen sind diese Länder vermutlich nicht in der Lage, ab 2020 keine Schulden mehr aufzunehmen. Satz 1 regelt dabei, welche Länder betroffen sind und wie viel Geld zur Verfügung

	Saarland 260 Millionen Euro und auf Berlin, Sachsen-Anhalt und Schleswig-Holstein jeweils 80 Millionen Euro.	steht. Satz 2 legt die jeweiligen Finanzierungshilfen fest.
	³ Die Hilfen werden auf der Grundlage einer Verwaltungsvereinbarung nach Maßgabe eines Bundesgesetzes mit Zustimmung des Bundesrates geleistet.	Satz 3 erklärt, auf welcher Basis und durch wen der Beschluss legitimiert wird. Die restlichen Bundesländer sind somit zustimmungsberechtigt bei der Frage nach der Gewährung von Hilfen.
	⁴ Die Gewährung der Hilfen setzt einen vollständigen Abbau der Finanzierungsdefizite bis zum Jahresende 2020 voraus.	
	⁵ Das Nähere, insbesondere die jährlichen Abbauschritte der Finanzierungsdefizite, die Überwachung des Abbaus der Finanzierungsdefizite durch den Stabilitätsrat sowie die Konsequenzen im Falle der Nichteinhaltung der Abbauschritte, wird durch Bundesgesetz mit Zustimmung des Bundesrates und durch Verwaltungsvereinbarung geregelt.	Satz 4 grenzt die Verfügung von Hilfen ein und macht zur Bedingung, dass die gewährten Hilfen auch wirklich zum Schuldenabbau genutzt werden. Satz 5 erklärt, auf welcher Basis die Abbauschritte zu gewährleisten sind. Die Prüfung soll durch den sogenannten Stabilitätsrat[168] stattfinden. Der Stabilitätsrat ist ebenfalls aufgrund seiner Konstituierungsart Kritik ausgesetzt.
	⁶ Die gleichzeitige Gewährung der Konsolidierungshilfen und Sanierungshilfen auf Grund [sic!] einer extremen Haushaltsnotlage ist ausgeschlossen.	

---

[168] Der Stabilitätsrat ist ein im Rahmen der Föderalismuskommission II beschlossenes Gremium, bestehend aus den Finanzministern der Länder und dem Finanzminister des Bundes sowie dem Bundesminister für Wirtschaft und Technologie. Der Stabilitätsrat soll die Einhaltung der Schuldenbremse prüfen. Zur Wirksamkeit des Instruments hat u.a. besonders Sturm deutliche Kritik geäußert: Vgl. Sturm, Roland, Verfassungsrechtliche Schuldengrenzen im Föderalismus, a.a.O.

		Satz 6 schließt aus, dass ein Land mehrere Finanzspritzen vom Bund erhält.
Absatz 3		
	¹ Die sich aus der Gewährung der Konsolidierungshilfen ergebende Finanzierungslast wird hälftig von Bund und Ländern, von letzteren aus ihrem Umsatzsteueranteil, getragen.	Absatz 3 beschreibt die Gegenfinanzierung der Konsolidierungshilfen.
	² Das Nähere wird durch Bundesgesetz mit Zustimmung des Bundesrates geregelt.	

Tabelle 1: Änderungen im Grundgesetz.

Neben den beschriebenen Gesetzen Artikel 115, 109 und 143 d Grundgesetz sind durch die Bundesregierung und die Länder im Wege der Umsetzung der Beschlüsse der Föderalismuskommission II weitere Rechtsgrundlagen festgelegt worden.[169] Jeden dieser Gesetzestexte zusätzlich zu betrachten, würde den Rahmen der Analyse sprengen. Die weiteren Kapitel, die sich mit der Evaluation der Schuldenbremse auf Bundes- und Landesebene beschäftigen, werden – sofern nötig – angesprochene Gesetze und Beschlüsse jeweils kurz erläutern, sofern sie für das Verständnis unerlässlich sind.

2.3.2 Sachstand zur Analyse der Wirksamkeit der Schuldenbremse

Die Schuldenbremse ist keine kurzfristige Entscheidung von Bund und Ländern gewesen, sondern vielmehr ein Prozess, der sich über Jahre zog und ziehen wird. Mit der Beschlussfassung und Verkündung von 2009 ist die Funktionalität der Schuldenbremse noch lange nicht gewährleistet, nicht einmal umgesetzt. Durch lange Übergangsfristen sind Effektivitätsbewertungen zum aktuellen Stand schwer zu treffen, denn solange für

---

[169] Artikel 109 a, Gesetz zur Einrichtung eines Stabilitätsrats und zur Vermeidung von Haushaltsnotlagen (StabiRatG), Gesetz zur Gewährung von Konsolidierungshilfen (KonsHilfG), Gesetz über den Finanzausgleich zwischen Bund und Ländern (FAG), Gesetz über die Grundsätze des Haushaltsrechts des Bundes und der Länder (HGrG) sowie Gesetz zur Ausführung von Artikel 115 (G 115).

die Länder (bis 2020) und auch den Bund (bis 2016) Sonderregelungen gelten, ist schwer zu beurteilen, ob die Schuldenbremse wirklich funktioniert.

Allerdings haben sich bereits im Prozess der Entscheidung und abschließenden Verabschiedung zahlreiche Stimmen zu Wort gemeldet, die die Wirksamkeit der Schuldenbremse in Zweifel ziehen. Dieses Buch hat bereits einige Argumente betrachtet, die im Rahmen der Arbeit der Föderalismuskommission II auftraten (Kapitel 2.2.2), und auch kurz einen Blick auf die Funktionalität des Vorbilds in der Schweiz geworfen (Kapitel 2.2.2.1) sowie auf die Vorgängerregelungen in der Bundesrepublik (Kapitel 2.1). Die folgenden Unterkapitel beschäftigen sich nun mit der – vorerst – abschließenden Bewertung durch wissenschaftliche Sachverständige und die Medien. Zunächst soll die Expertise und Einschätzung der verschiedenen großen deutschen Wirtschaftsinstitute zum Thema Schuldenbremse betrachtet werden, da diese sich sowohl in der Sach- wie auch in der Mediendebatte häufig und deutlich zu Wort gemeldet haben.

Zu den größten und vielleicht auch lautesten Kritikern der Schuldenbremse gehört Peter Bofinger. Bereits in der Expertise des SVR „Staatsverschuldung wirksam begrenzen" spricht sich Bofinger gegen eine Schuldenbremse und stattdessen für eine „Steuerausfall-Bremse" aus.[170]

Kurz vor der Verabschiedung der Schuldenbremse durch den Bundestag wurde der Wirtschaftsexperte mit seiner Kritik in vielen Medien erneut zitiert, als er zusammen mit zahlreichen weiteren Wirtschaftsexperten einen offenen Aufruf gegen die Schuldenbremse veröffentlichte.[171] Darin warnte der Ökonom unter anderem vor einer Gefährdung der gesamtwirtschaftlichen Stabilität und einer fehlerhaft angenommenen „lehrbuchhaften Symmetrie der Konjunkturzyklen"[172] und glaubte an eine dauerhafte Schädigung durch die Schuldenbremse auch für die künftigen Generationen.[173] Mit dieser Kritik zielen Bofinger und seine Mitstreiter auf die Methodik hinter der Schuldenbremse und zweifeln vor allem die Kopplung an die Konjunktur an, wie auch den

---

[170] Vgl. Bofinger, Peter, Eine andere Meinung: Zur Notwendigkeit einer Schuldenschranke für die deutsche Finanzpolitik, a.a.O., S. 171.
[171] Vgl. Bofinger, Peter/Horn, Gustav, Die Schuldenbremse gefährdet die gesamtwirtschaftliche Stabilität und die Zukunft unserer Kinder, online abrufbar:
http://www.boeckler.de/pdf/imk_appell_schuldenbremse.pdf (Stand: 20.08.2012).
[172] Ebd., S. 1.
[173] Vgl. ebd.

grundsätzlichen Nutzen einer Schuldenbremse. Die angewandte Methodik würde letztlich zu weniger Beschäftigung und einem niedrigen BIP führen, so Bofinger in seinen Thesen, die er mit einer Modellrechnung zu belegen versucht.[174] Auch sieht Bofinger mit Bedenken, dass

> „einem kaum erprobten Konzept unmittelbar Verfassungsrang eingeräumt werden soll, das mit Ausnahme der Schweiz in keinem anderen Land praktiziert wird und das auch dort im Jahr 2003, bei der ersten größeren Belastung, de facto außer Kraft gesetzt wurde."[175]

Unterstützung findet Bofinger für seine Thesen im Institut für Makroökonomie und Konjunkturforschung der Hans-Böckler-Stiftung (IMK). Im Rahmen seines Aufrufs fertigte dieses eine Stellungnahme zur Einführung der Schuldenbremse an, die auf den Thesen des Experten aufsetzt.[176] Diese Studie ist zur Untermauerung von Bofingers Aussagen auch wichtig, denn dieser liefert mit seinem Brandbrief zunächst nur Behauptungen, die mangels Erfahrung mit einer bereits länger implementierten Schuldenbremse genauso auf Vermutungen fußt, wie letztlich auch die Argumente, die zu einer Implementierung der Schuldenbremse im Grundgesetz geführt haben. In der Studie sehen die Autoren Gustav Horn, Achim Truger und Christian Proaño die Schuldenbremse als verfehlte Maßnahme an, da vor allem „die Mechanik im Gesetzentwurf auf einem Verfahren mit erheblichen Messungenauigkeiten"[177] basiert. Horn, Truger und Proaño sehen diese Fehler vor allem in der Wahl der Nettokreditaufnahme als Indikator für die Verschuldung. Weiter heißt es:

> „Die Nettokreditaufnahme ist kein guter Indikator für die Belastungen, die durch staatliche Verschuldung entstehen, um die es im Kern ja geht. Dazu müsste die Kreditaufnahme in Bezug zur Leistungsfähigkeit des Staatsektors [sic!] gesetzt werden."[178]

Das IMK ist mit seinen Einschätzungen nicht allein. In einem Aufsatz des Deutschen Instituts für Wirtschaftsforschung (DIW) warnt auch Stefan Bach, stellvertretender

---

[174] Vgl. ebd.
[175] Ebd., S. 2; zur Kritik Bofingers, die Schuldenbremse sei in der Schweiz gescheitert, s. Kapitel 2.2.2.1, speziell die Positionen von Hartwig und Kobel Rohr: Hartwig, Jochen/Kobel Rohr, Rita, Wäre die schweizerische ‚Schuldenbremse' ein geeignetes Instrument zur Disziplinierung der Fiskalpolitik in der EU?, a.a.O.
[176] Vgl. Horn, Gustav A./Truger, Achim/Proaño, Christian, Stellungnahme zum Entwurf eines Begleitgesetzes zur zweiten Föderalismusreform BT Drucksache 16/12400 Und Entwurf eines Gesetzes zur Änderung des Grundgesetzes BT Drucksache 16/12410, a.a.O.
[177] Vgl. ebd., S. 1.
[178] Ebd., S. 2.

Leiter der Abteilung Staat des DIW, vor dem „Teufel im Detail"[179]. Anders als das IMK sieht er allerdings das Problem vor allem in Bezug auf ungenaue Schätzungen bei Steuern oder der wirtschaftlichen Lage, die als Grundlage für sämtliche Konjunkturberechnungen dienen, und spricht sich für einen ausreichenden Puffer auf dem Ausgleichkonto aus.[180] Dabei sollten „bei guter Wirtschaftslage Konsolidierungsmaßnahmen verbindlich vorgeschrieben werden"[181]. In anderen Worten: Die Mehrwert- oder Ökosteuern sollen in diesen Fällen automatisch moderat angehoben werden.

Bach sieht damit – anders als das IMK oder Bofinger – durch die Schuldenbremse nicht direkt die gesamte Zukunft der Bundesrepublik gefährdet, sondern folgert deutlich differenzierter, dass ohne verbindliche Ausgleichsregelungen das Gesetz an Glaubhaftigkeit verliert und die „politische Bremswirkung" abgeschwächt wird.[182]

Den „Teufel im Detail" findet im Jahr 2011 auch DIW-Konjunkturexperte Simon Junker laut einer Pressemeldung des DIW.[183] Dort heißt es:

> „Nach eigenen Berechnungen des DIW-Experten wird das strukturelle Defizit Ende 2012 nicht wie von der EU-Kommission kalkuliert bei rund 20 Milliarden Euro liegen, sondern bei bis zu 33 Milliarden Euro."[184]

Laut Junker sind die Zahlen der EU-Kommission, auf denen auch die Zahlen der Bundesrepublik aufbauen, Schwankungen ausgesetzt, die das Ergebnis deutlich verschieben könnten. Demnach solle die Bundesregierung deutlich stärkere Sparanstrengungen unternehmen und ihre Schulden weiter abbauen.[185] Die ebenfalls in der Pressemeldung erläuterten Verfahrensunterschiede machen vor allem deutlich: Je nach Ansatz – sei es EU oder Wirtschaftsinstitut – unterscheiden sich die Zahlen und somit Folgerungen aus diesen deutlich. Demnach ist es weitaus komplizierter, als es zunächst scheinen mag, die richtige Berechnungsgrundlage zu identifizieren und daraus die richtigen Schlüsse zu ziehen.

---

[179] Bach, Stefan, Schuldenbremse: In guten Zeiten auch wirklich drauftreten, in: DIW Wochenbericht 8 (2009), S. 136.
[180] Vgl. ebd.
[181] Ebd.
[182] Vgl. ebd.
[183] Vgl. Pressemitteilung DIW, Schuldenbremse: Regierung müsste nach DIW-Berechnungen bis zu 13 Milliarden Euro zusätzlich sparen, online abrufbar:
http://www.diw.de/sixcms/detail.php?id=diw_01.c.377659.de (Stand: 01.08.2012).
[184] Ebd.
[185] Vgl. ebd.

Ein weiterer zentraler Vorwurf, der im Rahmen der Analyse der Schuldenbremse immer wieder auftaucht, hat nichts mit Berechnungsgrundlagen oder Methodik zu tun. Vielmehr geht es um den Zweifel am Willen der politischen Akteure. Bereits bei Bach[186] ist angeklungen, dass es ein politisches Verlangen nach dem Einhalten der Schuldenbremse geben muss. Auch Thomas Straubhaar, Direktor des Hamburgischen Weltwirtschaftsinstituts (HWWI), sieht einen Erfolg der Schuldenbremse nur als gegeben, wenn die Politik mitzieht. Er warnt 2009:

> „Solange [sic!]es Regierungen nicht schaffen, in guten Zeiten – wie den Jahren 2006 bis 2008 – Überschüsse zu erzielen, so lange wirken Absichtserklärungen über künftige Schuldenbremsen so wenig ernsthaft wie die Ankündigung des übergewichtigen Sportmuffels, ab morgen regelmäßig etwas für die Fitness zu tun."[187]

Auch sein Kollege Michael Bräuninger warnt in einem „Tagesschau-Chat": „Sollte die Politik sich zukünftig anders entscheiden, könnte sie die Schuldenbremse wieder aufheben."[188] Dies ist freilich in den nächsten Jahren nicht zu erwarten. Die grundsätzliche Kritik ist aber richtig: Unter einer erneuten Großen Koalition wäre die Entschärfung oder Rücknahme der Schuldenbremse jederzeit möglich. Im Prinzip kann man die Fiskalreform von 1969 im Vergleich zum Schuldenverbot von 1949 auch in dieser Tradition sehen: Wenn die Zeit es notwendig erscheinen lässt, können entsprechende Wechsel opportun erscheinen.

Hart ins Gericht mit der Politik und der Schuldenbremse geht auch ein anderer Sachverständiger, Ulrich Blum. In einem Focus-Money-Interview erklärt er:

> „Das Gesetz ist eine Farce! Man muss den Staat zwingen, wie ein Unternehmen für Risiken vorzusorgen. Die beschlossene Schuldenbremse öffnet dagegen Hintertüren für ‚außerordentliche Situationen'."[189]

Die Kritik zielt damit auf eine schon zuvor erwähnte Problematik im Gesetzestext der Schuldenbremse: Der Ausnahmeregelungen zur Schuldenaufnahme. Durch die fehlende Definition im Gesetzestext ist die Schuldenbremse in diesem Punkt möglicherweise so

---

[186] Vgl. Bach, Stefan, Schuldenbremse: In guten Zeiten auch wirklich drauftreten, a.a.O., S. 136.
[187] Straubhaar, Thomas, Von zweifelhafter Glaubwürdigkeit, in: Rheinischer Merkur 7 (2009), S. 11.
[188] Bräuninger, Michael, in: Transkript tagesschau-Chat, online abrufbar:
http://www.tagesschau.de/interaktiv/chat/chatprotokoll466.html (10.07.2012).
[189] Blum, Ulrich, Droht eine Horror-Inflation?, online abrufbar:
http://www.focus.de/finanzen/boerse/finanzkrise/tid-14598/staatsverschuldung-droht-eine-horror-inflation_aid_408749.html (Stand: 01.07.2012).

ineffektiv wie die „Goldene Regel".[190] Zwar hat die Föderalismuskommission II in ihrer Beschlussfassung erklärt, eine Eingrenzung erfolge

> „durch drei Kriterien, die gleichzeitig erfüllt sein müssen: Die Notsituation muss außergewöhnlich sein, ihr Eintritt muss sich der Kontrolle des Staates entziehen, und sie muss den Haushalt erheblich beeinträchtigen."[191]

Sie hat aber zugleich auch festgehalten, dass „eine abschließende enumerative verfassungsrechtliche Benennung möglicher Notsituationen wegen der Vielzahl und Unterschiedlichkeit denkbarer Anwendungsfälle nicht möglich ist [...]"[192].Demnach besteht zwar die Absicht, nur bestimmte Situationen nach bestimmten Kriterien anzuerkennen. Verfassungsrechtlich gesehen ist jedoch keine verbindliche Eingrenzung erfolgt, der die Politik folgen müsste. Auch wenn die Argumentation der Kommission schlüssig ist, so bleibt sie angreifbar. Ulrich Blum erklärt etwa, dass er der Argumentation, dass Kosten und mögliche Unfälle nicht von vornherein kalkuliert und geplant werden könnten, nicht folgen könne. So ist er sich sicher, dass alles außer einem Asteroideneinschlag kalkulierbar sei und man entweder die Schuldenbremse mit einer „echten Risikovorsorge" organisieren müsse oder gar nicht.[193]

In die Kritik gegen unzuverlässige Politiker und eine daher nur selten effektive Fiskalpolitik oder Schuldenbremse fällt auch Dennis J. Snower vom Institut für Weltwirtschaft Kiel ein. Er glaubt nicht, dass eine starre Schuldenbremse helfe und sieht eher eine Schuldenkommission als richtiges Mittel zur Kontrolle an. Dieses Gremium solle der Regierung Beschränkungen auferlegen: „Die Staatsdefizite aus Krisenzeiten müssen automatisch durch Überschüsse aus Boomzeiten ausgeglichen werden."[194] Durch das unabhängige Gremium und den Automatismus seien Wahlversprechen und kurzfristige Klientelpolitik auf Kosten der wirtschaftlichen Leistung dann nicht mehr möglich. Snower hält diese Taktik vor allem deshalb für besser als die Schuldenbremse, weil er glaubt, dass in Extremsituationen wie einer Rezession dem Staat durch eine Schuldenbremse nicht genug Handlungsspielraum eingeräumt und die Krise verschärft wird.

---

[190] Vgl. Kapitel 2.1 zur Entstehung und Problematik der „Goldenen Regel".
[191] Beschlüsse der Kommission von Bundestag und Bundesrat zur Modernisierung der Bund-Länder-Finanzbeziehungen, a.a.O., S. 8.
[192] Ebd.
[193] Vgl. Blum, Ulrich, Droht eine Horror-Inflation?, a.a.O.
[194] Snower, Dennis J., Eingebaute Schuldenbremse, online abrufbar: http://www.welt.de/5386956 (Stand: 01.08.2012).

Ferner würde eine „solche Situation dann als inakzeptabel angesehen werden und die Schuldenbremse würde zurückgenommen, reformiert oder aufgeweicht werden." Snower bleibt in seiner Argumentation allerdings die Antwort darauf schuldig, wie ein durch die Regierung eingesetzter Schuldenrat ebendies verhindern soll: Auch dieser könnte bei Missfallen einfach „ausgesetzt" werden. Dennoch ist Snowers Kritik nicht weniger substanziell als die seiner Kollegen, sie wird nur zusätzlich mit anderen Vorschlägen unterfüttert.

Einzig positiv über die Schuldenbremse hat sich das Rheinisch-Westfälische Institut für Wirtschaftsforschung geäußert. Es kommt es in seinen Ausführungen zur Schuldenbremse im Rahmen einer Anhörung des Hessischen Landtags zu dem Schluss:

> „Die Föderalismuskommission II hat mit seinen Beschlüssen den richtigen Weg vorgegeben und der Bund ist mit gutem Beispiel vorangegangen."[195]

Bemerkenswert an der Beurteilung der Schuldenbremse durch die einzelnen Wirtschaftsinstitute ist, dass fast alle untersuchten Institute dem Fiskalmechanismus skeptisch gegenüber stehen, Fehler in der Berechnung, der Anwendung oder dem Gesetzestext sehen und nur zum Teil an einen langfristigen Erfolg der Regel glauben. Aufgrund der positiven Meinung zahlreicher Sachverständiger, die während der Anhörung der Föderalismuskommission II anwesend waren, hätte man ein eher anderes Fazit erwartet. Es zeigt sich somit aber wieder, wie kontrovers die Debatte um die Bewertung der Schuldenbremse und die richtige Fiskalpolitik geführt wird.

Etwas abseits der tagespolitischen Debatte der medial sicherlich stärker beäugten Kritiker aus den Wirtschaftsinstituten gibt es aber auch zahlreiche Autoren des Weiteren wissenschaftlichen Umfelds, die sich für eine Schuldenbremse aussprechen und verwundert feststellen, dass „die schärfste Kritik aus Teilen der Wissenschaft selbst"[196] zu

---

[195] Rheinisch-Westfälisches Institut für Wirtschaftsforschung, Aufnahme einer Schuldenbremse in Verantwortung für kommende Generationen – Gesetz zur Schuldenbremse. Gesetzentwurf der Landesregierung Hessen Drucksache 18/2732. Stellungnahme zur Anhörung des Hessischen Landtags am 3. November 2010, Essen 2010, S. 1-9, S. 1.

[196] Fuest, Clemens, Die Schuldenschranke löst nicht alle Probleme, führt aber zu einer besseren Finanzpolitik, in: Kastrop, Christian/Meister-Scheufelen, Gisela/Sudhof, Margaretha (Hrsg.), Die neuen Schuldenregeln im Grundgesetz. Zur Fortentwicklung der bundesstaatlichen Finanzbeziehung (Schriften zur öffentlichen Verwaltung und öffentlichen Wirtschaft), Berlin 2010, S. 46-49, S. 47.

kommen scheint. Für Fuest, der bereits an anderer Stelle zitiert wurde, steht fest, dass die Schuldenbremse richtig ist:

> „Die Einführung der Schuldenbremse ist gerade eine Reaktion darauf, dass unter den bisherigen finanzpolitischen Spielregeln nicht gelungen ist, den Anstieg der Staatsverschuldung zu begrenzen."[197]

Fuest macht seine Verteidigung der Bremse vor allem daran fest, dass die bisherigen Schuldenmechanismen nie wirklich zum Sparen genutzt und der politischen Nachfolge noch mehr Schulden hinterlassen wurden, und erst die Schuldenbremse mit dieser Praxis entgegen aller Kritik wirksam Schluss macht. Fuest ist ebenfalls in seinem Beitrag realistisch genug, die Schuldenbremse nicht zum Allheilmittel zu erklären, glaubt aber dennoch an ihren Erfolg, denn die Schuldenbremse

> „gibt den Akteuren im politischen Prozess [...] eine wichtige Hilfestellung bei der Entwicklung einer dauerhaft tragfähigen und glaubwürdigen Finanzpolitik."[198]

Verlässt man einmal die Kritik deutscher Sachverständiger und wirft einen Blick auf ausländische Positionen, so kann der Schuldenbremse durchaus etwas abgewonnen werden. So erklärt etwa Per Callesen in seiner (damaligen) Funktion als Geschäftsführer des nord-baltischen Bereichs im Internationalen Währungsfonds, dass die deutschen Schuldenregeln ein hohes Maß an Verbindlichkeit in Bezug auf eine langfristige und nachhaltige Finanzpolitik an den Tag legen und begrüßt die getroffenen Entscheidungen ausdrücklich.[199] Auch der Vorsitzende des ungarischen Finanzrats ist sich sicher:

> "Germany's new fiscal policy rules meet international standards of a well-designed rules-based fiscal framework."[200]

Auch weitere Sachverständige aus dem nordeuropäischen Ausland sehen die Schuldenbremse deutlich positiver als die deutschen Kollegen.[201] Woran dies liegt kann nur

---

[197] Ebd.
[198] Ebd., S. 49.
[199] Vgl. Callesen, Per, The New Constitutional Budget Rule in Germany – A Comment, in: Kastrop, Christian/Meister-Scheufelen, Gisela/Sudhof, Margaretha (Hrsg.), Die neuen Schuldenregeln im Grundgesetz. Zur Fortentwicklung der bundesstaatlichen Finanzbeziehung (Schriften zur öffentlichen Verwaltung und öffentlichen Wirtschaft), Berlin 2010, S. 94.
[200] Kopits, George, Views on Germany's Fiscal Policy Rules, in: Kastrop, Christian/Meister-Scheufelen, Gisela/Sudhof, Margaretha (Hrsg.), Die neuen Schuldenregeln im Grundgesetz. Zur Fortentwicklung der bundesstaatlichen Finanzbeziehung (Schriften zur öffentlichen Verwaltung und öffentlichen Wirtschaft), Berlin 2010, S. 121-123.

gemutmaßt werden. Vielleicht ist es der Umstand, dass man nach 40 Jahren Ausgabenpolitik nur schwerlich neue Regeln akzeptieren will, oder der Umstand, dass die eigenen Theorien von der Föderalismuskommission II nicht angenommen wurden. Zumindest bei Peter Bofinger kann man sich nicht erwehren zu glauben, dass er letztlich seine Idee einer „Steuer-Bremse" lieber implementiert gesehen hätte und diese nun auch überall im öffentlichen Bewusstsein wissen will.

Doch diese Aspekte können nur Spekulation bleiben. Eine öffentliche Erklärung gibt es nicht. Auch, was andere Sachverständige abseits ihres Parteibuchs oder objektiven Kriterien antreiben mag, so vehement gegen die Schuldenbremse aufzutreten, kann nicht weiter nachvollzogen werden. Aus den Debattenbeiträgen der Sachverständigen lässt sich letztlich nur schwer ableiten, ob die Schuldenbremse nun einer „Entwicklungsbremse"[202] gleichkommt oder dazu beiträgt, dass „[d]er Teufelskreis aus steigender Verschuldung und zunehmender Zinslasten endlich durchbrochen"[203] wird.

2.3.3 Politische Positionen und Bewertungen der Schuldenbremse auf Bundesebene

Einen weiteren Beitrag zur Beurteilung der Schuldenbremse muss die Politik selbst bieten: Theorien, Ideen und Vorschläge, wie auch ihre vorauseilende Ablehnung kamen und kommen meist zuerst aus den Sachgremien der jeweiligen Forschungs- und Arbeitsgruppen. Das ist jedoch nicht gleichzusetzen mit den späteren Beschlüssen der Politik. Auch sind die besten Sachverständigen-Ideen kein Garant dafür, dass alle politischen Strömungen von ihnen überzeugt sind. Und so ist es interessant, einen Blick auf die Medien- und Politikmaschinerie nach Verabschiedung der Schuldenbremse zu

---

[201] Vgl. Pisani-Ferry, Jean/Garnier, Olivier, A Proposal for a Budget Rule for France, in: Kastrop, Christian/Meister-Scheufelen, Gisela/Sudhof, Margaretha (Hrsg.), Die neuen Schuldenregeln im Grundgesetz. Zur Fortentwicklung der bundesstaatlichen Finanzbeziehung (Schriften zur öffentlichen Verwaltung und öffentlichen Wirtschaft), Berlin 2010, S. 201 f.; Bogaert, Henri, Belgium and the so called ‚German Deficit Rule', in: Kastrop, Christian/Meister-Scheufelen, Gisela/Sudhof, Margaretha (Hrsg.), Die neuen Schuldenregeln im Grundgesetz. Zur Fortentwicklung der bundesstaatlichen Finanzbeziehung (Schriften zur öffentlichen Verwaltung und öffentlichen Wirtschaft), Berlin 2010, S. 203 f.

[202] Arbeitsgruppe Alternative Wirtschaftspolitik, Finanzpolitik unter dem Diktat der „Schuldenbremse", in: Memorandum 2011. Strategien gegen Schuldenbremse, Exportwahn und Eurochaos, Köln 2011, S. 131-152, S. 137.

[203] De Maizière, Thomas, Den Teufelskreis durchbrechen, in: Müller, Reinhard (Hrsg.), Staat und Recht. 100 Beiträge aus der F.A.Z-Rubrik ‚Staat und Recht', Kösel 2011, S. 191-193, S. 193.

werfen. Denn auch hier werden gänzlich verschiedene Argumente und Positionen vorgebracht.

Prominent und viel zitiert war zum Beispiel die von Peter Struck ins Rollen gebrachte Debatte um einen Verstoß gegen die „Verfassungsästhetik" und Überfrachtung des Grundgesetzes. Dem Vorsitzenden der Kommission war dabei vor allem bange, ganz konkrete Zahlen und Grenzen in den Verfassungstext zu übernehmen. Gleichzeitig aber blieb er bei seinem positiven Urteil über die Entscheidung für die Schuldenbremse.[204]

Ähnlich und in den Medien viel beachtet äußerte sich nicht lange danach Bundestagspräsident Norbert Lammert und bezeichnete den Text als „unmaßstäblich"[205] Dabei ging der Politiker so weit, sein Veto-Recht für die finale Abstimmung geltend zu machen, sollte das Gesetz nicht verschlankt werden.[206] Ihm gegenüber stand de Maizière, der das Grundgesetz für „kein[en] statisch-ehern[en] Kodex, sondern eine durch Weiterentwicklung ‚lernende' Verfassung"[207] hält.

Für keine Entschuldigung hält dies Hans Hugo Klein, ehemaliger CDU-Abgeordneter und Ex-Verfassungsrichter, der in seinem Beitrag „Erbärmliches Zeugnis" hart mit der Beschlussform der Schuldenbremse umgeht. Aufgrund des hochkomplexen Kompromisses zwischen Bund und Ländern, so Klein, seien die vorgeschlagenen Regeln dem „typischen Inhalt eines Staatsvertrages"[208] ähnlich und gehörten nicht in die Verfassung. Klein fürchtet gar um die Integrität des Grundgesetzes und den „Verfassungspatriotismus des Bürgers"[209]. Wie solle dieser die geltenden Regeln des Staates noch verstehen, wenn das Grundgesetz immer technokratischer werde? Auch warnt der Verfassungsrechtler:

---

[204] Vgl. Struck, Peter, in: Plenarprotokoll des Deutschen Bundestags, 16/215, S. 23364.
[205] Frankfurter Allgemeine Zeitung, Lammert: Schuldenbremse verunstaltet Grundgesetz, online abrufbar: http://www.faz.net/aktuell/politik/inland/foederalismusreform-lammert-schuldenbremse-verunstaltet-grundgesetz-1785526.html (Stand: 01.07.2012).
[206] Lammert hat als einziger CDU-Abgeordneter gegen die Schuldenbremse gestimmt. Dabei war ihm nicht nur die Verfassungsästhetik ein Anliegen, sondern auch die Sorge um ein hohes Misstrauen gegenüber „demokratisch legitimierten Mehrheiten und Bundestag und Bundesrat und ihren möglichen Gestaltungsabsichten": Lammert, Norbert, in: Plenarprotokoll des Deutschen Bundestags, 16/215, S. 24947 f.
[207] De Maizière, Thomas, Den Teufelskreis durchbrechen, a.a.O., S. 195.
[208] Klein, Hans Hugo, Ein erbärmliches Zeugnis,online abrufbar:: http://www.faz.net/aktuell/politik/staat-und-recht/aus-der-wissenschaft-ein-erbaermliches-zeugnis-1802324.html (Stand: 20.08.2012).
[209] Ebd.

"Je konkreter alle diese Regelungen ausfallen werden, desto eher werden sie erneut zur Disposition stehen, also geändert werden müssen."[210]

Gegen die Schuldenbremse – dies sei an der Stelle erwähnt – ist aber auch Klein nicht. Gewissermaßen die Debatte beendend, erklärte schließlich Rudolf Körper von der SPD der Frankfurter Rundschau, er habe Verständnis für die Bedenken der Kollegen, aber: „So ist's ausgehandelt. So ist Politik."[211] Und auch SPD-Fraktionsführer Thomas Oppermann hielt „Präzision vor Schönheit" für das entscheidende Kriterium.[212]

Unberechtigt war diese Sorge nicht, denn der linke Flügel der SPD war unter anderem wenig von dem Konzept einer Schuldenbremse überzeugt. So erklärte der Bundestagsabgeordnete Björn Böhning, dass die Schuldenbremse die grundsätzliche Handlungsfähigkeit des Staates übermäßig einschränke und bezeichnete das Fiskalinstrument als „dramatischen Blödsinn".[213] Auch die stellvertretende SPD-Vorsitzende Andrea Nahles kündigte früh Bedenken an:

"Ich finde es fragwürdig, wenn die jetzige Politikergeneration Regeln ins Grundgesetz aufnehmen will, die ab 2011 Handlungsspielräumen [sic!] zukünftiger Generationen in einer Weise einschränkt, die die Generation Struck und Oettinger für sich nie akzeptiert hätte."[214]

Weiter erklärte die Politikerin, dass eine Schuldenbremse wohl in der Theorie etwas Positives sei, aber „in der Praxis weltfremd"[215]. Ernst-Dieter Rossmann von der SPD-Bundestagsfraktion erklärte darüber hinaus, man werde „die Vereinbarung sehr genau prüfen"[216] und der SPD-nahe Deutsche Gewerkschaftsbund (DGB) betonte in einer Stellungnahme seines Vorstands Claus Matecki, die Einführung der Schuldenbremse sei ein „[s]chwarzer Tag für die Handlungsfähigkeit des Staates"[217].

---

[210] Ebd.
[211] Kröter, Thomas, Lammert will schlankes Gesetz, online abrufbar:
http://www.fr-online.de/politik/textaenderung-lammert-will-schlankes-gesetz,1472596,3394306.html (Stand: 20.08.2012).
[212] Frankfurter Allgemeine Zeitung, Präzision vor Schönheit, online abrufbar:
http://www.faz.net/aktuell/politik/inland/schuldenbremse-praezision-vor-schoenheit-1798719.html (Stand: 20.08.2012).
[213] Deutsche Presse-Agentur, SPD-Linke gegen Schuldenbremse, a.a.O.
[214] Financial Times Deutschland, Nahles kritisiert Einigung, online abrufbar:
http://www.ftd.de/politik/deutschland/:schuldenbremse-nahles-kritisiert-einigung/471215.html (Stand: 20.08.2012).
[215] Ebd.
[216] Ebd.
[217] Pressemitteilung, DGB, Matecki: Schwarzer Tag für die Handlungsfähigkeit des Staates, a.a.O.

Die SPD selbst versuchte, in dieser Zeit intern mit der Partei-Linken einen Kompromiss zu finden, der in weiten Teilen auch die Verschuldungsrichtlinien der Länder im Blick hatte: Während man im Laufe der Föderalismuskommission II auch auf Druck aus der CSU dazu übergegangen war, eine 0-Prozent-Verschuldung für die Länder festzuschreiben, drängte man nun auf eine Lockerung hin zu einem alten Vorschlag von 0,15 Prozent. Laut einem Bericht der Frankfurter Allgemeinen Zeitung forderte der damalige Fraktionschef der SPD Struck in einem Schreiben an die Fraktion:

> „[…] Deshalb appelliere ich an die Länder, ihre Position zu überdenken und unseren ursprünglichen Vorschlag einer Neuverschuldung von 0,15 Prozent des Bruttoinlandsprodukts aufzugreifen."[218]

Der Vorschlag stieß aber bei den Ländern und Politikern aus CDU, CSU und FDP auf wenig Gegenliebe. Am Ende einigte sich die SPD intern auf den Fraktionszwang und auf die Schuldenbremse. Dafür wurden insbesondere die öffentlichen Redner wie Andrea Nahles und Björn Böhning gerügt. So äußert sich Wolfgang Denia der Arbeitsgemeinschaft der Sozialdemokraten in der SPD in einem Blog-Eintrag vom 30. Mai 2009 mit Blick auf Norbert Lammerts Ablehnung der Schuldenbremse:

> „Das bemerkenswerte [sic!] an Lammerts Abstimmungsverhalten ist vor allem die Tatsache, dass er damit seiner Überzeugung treu geblieben ist. Das unterscheidet ihn von manchen SPD-Abgeordneten."[219]

Ferner wirft Denia in seinem Beitrag unter anderem Nahles vor, ihre Überzeugungen zugunsten der Parteikarriere verraten zu haben. Nicht mit Kritik spart auch ein anderes Mitglied des Bundestags: Bodo Ramelow. Ähnlich wie die Arbeitsgemeinschaft äußert er seine Kritik an der wechselnden Haltung der SPD-Linken und hält früh am „Nein" von DIE LINKE zur Schuldenbremse fest: „Diesen Weg halte ich für völlig falsch."[220]

---

[218] Bannas, Günter, Eine Brücke für die SPD Linke, online abrufbar: http://www.faz.net/aktuell/politik/inland/schuldenbremse-eine-bruecke-fuer-die-spd-linke-1798663.html (Stand: 20.08.2012).
[219] Denia, Wolfgang, Schuldenbremse: Nahles und Co. von Lammert (CDU) links überholt, online abrufbar: http://www.ag-sozialdemokraten.de/content/schuldenbremse-nahles-und-co-von-lammert-cdu-links-ueberholt (Stand: 20.08.2012).
[220] Ramelow, Bodo, in: Plenarprotokoll des Deutschen Bundestags, 16/215, S. 24863.

Für BÜNDNIS 90/DIE GRÜNEN spricht in der abschließenden Bundestagsdebatte Kuhn und kommt – wenn auch unter anderen Vorzeichen als Ramelow[221] – zu dem gleichen Schluss bezüglich der Einführung einer Schuldenbremse:

> „Deswegen [...] waren wir in der Kommission dagegen und werden auch heute dagegen stimmen [...]"[222]

Für BÜNDNIS 90/DIE GRÜNEN ist es allerdings weniger die Frage nach der Schuldenbremse insgesamt, sondern die nach ihrer Ausgestaltung, die dagegen spricht. Trotz vieler Debatten und Beiträge innerhalb der Kommission, so Kuhn, habe man letztlich keine Kompromissfassung finden können, die abseits der Großen Koalition für Zustimmung sorgen würde.

Auch die FDP überraschte mit einer plötzlichen Änderung in ihrer Position. Hatte es fast durchgehend in der Föderalismuskommission geheißen, die FDP werde zustimmen, so verkündete sie vor der Abstimmung im Parlament in einer Pressemitteilung:

> „Weil sich die SPD innerlich durch ihren Präsidiumsbeschluss schon von der Schuldenbremse verabschiedet hat, haben wir die Konsequenz gezogen und werden uns bei der Abstimmung am Freitag im Deutschen Bundestag enthalten. Unehrliche Kompromisse trägt die FDP nicht mit. Wir wollen ein wirksames Neuverschuldungsverbot, und das ist offenbar in weite Ferne gerückt."[223]

Wissing und Burgbacher spielen mit ihrem Vorwurf auf den bereits weiter oben genannten Umstand an, dass das SPD-Präsidium den Bundesländern empfahl, für eine Länder-Schuldenbremse von 0,15 Prozent zu stimmen. In der Bundestagsdebatte erklärte Wissing zusätzlich, das „Nein" basiere größtenteils darauf, dass durch die Aufforderung an den Bundesrat die Bundestagsentscheidung „quasi zum Zwischenschritt"[224] degradiert worden sei und fürchtete, bei der Bundesratsentscheidung werde die Schuldenbremse wieder aufgeweicht.

---

[221] Ramelow bekräftigt in seiner Rede, dass seine Fraktion grundsätzlich gegen eine Schuldenbremse ist, während Kuhn deutlich betont, dass BÜNDNIS 90/DIE GRÜNEN für eine „vernünftige" Schuldenbremse offen gewesen wären. Vgl. Ramelow, Bodo, in: Plenarprotokoll des Deutschen Bundestags, 16/215, S. 24861-24863; Kuhn, Fritz, in: Plenarprotokoll des Deutschen Bundestags, 16/215, S. 24863-24866.
[222] Kuhn, Fritz, in: Plenarprotokoll des Deutschen Bundestags, 16/215, S. 24863.
[223] Burgbacher, Ernst/Wissing, Volker, Unehrliche Kompromisse bei der Schuldenbremse trägt die FDP nicht mit, online abrufbar: http://www.pressrelations.de/new/standard/result_main.cfm?pfach=1&n_firmanr_=111473&sektor=pm&detail=1&r=369279&sid=&aktion=jour_pm&quelle=0 (Stand: 20.08.2012).
[224] Wissing, Volker, in: Plenarprotokoll des Deutschen Bundestags, 16/215, S. 24858.

Sein Parteikollege Ernst Burgbacher entschärfte die Linie des „Nein" insoweit, als er in Aussicht stellte, die FDP werde im Rahmen ihrer Bundesratstätigkeit geschlossen für die Schuldenbremse stimmen, wenn „dieser Entwurf unverändert durch den Bundesrat"[225] ginge – was am Ende auch geschah. Die FDP verlegte sich mit dieser Taktik vor allem auf das Ziel, die Schuldenbremse in jedem Fall verabschiedet zu wissen, denn ohne die Zustimmung der FDP wären die beiden großen Koalitionspartner SPD und CDU/CSU gezwungen gewesen, ihre eigenen Reihen auf die Schuldenbremse einzuschwören – trotz aller Bedenken.

2.4 Zwischenfazit

Die Schuldenbremse auf Bundesebene – sie bleibt fraglich, aber nicht dysfunktional. Was bleibt, ist ein gewisses "Ja, aber...", wenn man zur Bewertung gebeten wird. Ja, sie kann funktionieren, Schulden begrenzen und „zukünftigen Generationen politischen Handlungsspielraum belassen"[226]. Auch begrenzt sie Schulden durch ihr Wirken und lässt dem Bund dank regulativen Ausnahmen trotzdem Luft zum Atmen. Auch macht sie Schluss mit der „Goldenen Regel" und gibt dem Haushalt und der Autonomie der Bundesfinanzverantwortlichen engere und bessere Regeln. Auch kommt die Schuldenbremse dem vom Verfassungsgericht geforderten Ende einer „Erosion gegenwärtiger und künftiger Leistungsfähigkeit des demokratischen Rechts- und Sozialstaats"[227] nahe.

Aber: Es fehlt zum Beispiel an wirksamen Sanktionsmechanismen, wenn sich die Politik doch entscheidet, die Regeln zu überschreiten. Der eingerichtete Stabilitätsrat zur Überwachung der Staatsverschuldung hat „lediglich das Mittel der Aufforderung, analog zum ‚Blauen Brief'"[228] und er ist aufgrund seiner Zusammensetzung zumindest fraglich. Denn „in seiner jetzigen Zusammensetzung gehören dem Rat jedoch die Finanzminister von Bund und Ländern an, so dass die Bundesregierung die Länderregierungen sich im Wesentlichen selbst kontrollieren"[229], wie die OECD kritisiert.

---

[225] Ebd., S. 24869.
[226] Thye, Marius, Die neue ‚Schuldenbremse' im Grundgesetz: Zur neuen Gestalt der Finanzverfassung nach der Föderalismusreform II. (Hallesche Schriften zum Öffentlichen Recht), Bd. 15 (2010), S. 19.
[227] BVerfG, 2BvF 1/04, 09.07.2007, online abrufbar:
http://www.bverfg.de/entscheidungen/fs20070709_2bvf000104.html (Stand: 12.09.2012), Absatz 134.
[228] Sturm, Roland, Verfassungsrechtliche Schuldengrenzen im Föderalismus, a.a.O., S. 63.
[229] OECD, OECD-Wirtschaftsberichte, Deutschland 2010, S. 73.

Kann ein Sanktionsmechanismus funktionieren, der keine unabhängigen Wächter hat, selbst wenn die Berechnungsgrundlagen objektiv sind? Und kann eine Schuldenbremse funktionieren, wenn sie durch Ausnahmen relativiert werden kann? Noch können diese Frage nicht abschließend beantwortet werden. Es wäre vermessen, vorauszugreifen in eine Zeit, in der keine Übergangsregeln mehr gelten, in der die Schuldenbremse keine anderen als die ihren Ausnahmen dulden wird. Für den Bund heißt dieses Jahr 2016. Vermutlich wird also vor dem Jahr 2018 unklar sein, inwieweit der Mechanismus wirklich funktioniert. Was bis dahin auch völlig unabsehbar bleibt, ist, ob die Finanzkrise bis dahin soweit wieder unter Kontrolle ist, dass sich der Staat überhaupt leisten kann, seine Schulden zu reduzieren. Glaubt man den Wirtschaftswissenschaftlern, muss auf jede Phase der Rezession irgendwann die des Aufschwungs folgen. Dann könnte der Staat seine Schulden zurückfahren. Es bleibt allein das „könnte" und damit ein Grad an Skepsis – besonders auf Seiten der Verfassungsrechtler, denn der „Jurist rechnet nicht. Solche Fragen sind für uns immer besonders heikel."[230] Die Politikwissenschaft sollte geneigt sein, diesem Grundsatz zu folgen und daher hinter die Wirksamkeit der Schuldenbremse auf Bundesebene zumindest ein kleines Fragezeichen setzen.

---

[230] Wieland, Joachim, in: Kommissionsprotokoll 4. Sitzung, S. 86.

3 Funktion und Wirkung der Schuldenbremse auf das föderale System der Bundesrepublik

Die Schuldenbremse ist, wie bereits dargelegt, ein stark umstrittenes fiskalpolitisches Steuerungselement. Die Kritik an ihr ist vielfältig und erstreckt sich über viele Ebenen. Der erste Hauptteil der Untersuchung hat sich daher mit ihrer Konstituierung, Einbringung und Bewertung auf Bundesebene beschäftigt, um die grundsätzlichen Bedenken über ihre Wirkung und Auswirkung auf der bundesdeutschen Ebene darzulegen. Dabei ist vor allem klar geworden, dass eine abschließende Bewertung nach wie vor fast unmöglich erscheint, da die Schuldenbremse in ihrer Gänze noch gar keine Anwendung findet. Neben der Frage, ob die Schuldenbremse überhaupt funktionieren kann, gibt es jedoch auch noch die Frage, ob die Schuldenbremse neben der Bundesebene überhaupt für die Landesebene gelten darf. Die Bedenken sind vor allem verfassungsrechtlicher und wirtschaftlicher Natur. Daher wird sich der weitere Teil der Untersuchung damit beschäftigen, ob und wie die Schuldenbremse in den Ländern angewendet werden darf.

3.1 Zum Stand der Schuldenbremse in den Bundesländern

3.1.1 Übersicht und Umsetzungsstand in den Ländern

Mit der Implementierung der Schuldenbremse fiel auch die Entscheidung, die Regelung vom Bund auf die Länder auszuweiten. Die Länder sind dabei angehalten, bis zum Jahr 2020 eigene Schuldenregeln in ihren Verfassungen festzuschreiben, und sind ansonsten den Regeln aus dem Grundgesetz unterworfen. Die nun folgende Übersicht gibt einen Überblick darüber, welche Bundesländer sich um eine eigene Schuldenbremse bemühen, an den reinen Bestimmungen des Bundes festhalten oder in Opposition zu einer Schuldenbremse stehen. Auch soll klar werden, welche Parteien maßgeblich für oder gegen die Schuldenbremse sind, um zu ermitteln, ob sich auf Landesebene in etwa die Meinung des Bundes widerspiegelt.[231]

---

[231] Der Fokus liegt hierbei auf den großen Parteien, die auch auf Bundesebene vertreten sind. Untersucht werden auch nur die Parteien, die sich zur Schuldenbremse geäußert haben.

Bundesland	Landesbremse/ Bundesbremse	Parteien für Schuldenbremse	Parteien gegen Schuldenbremse
Baden-Württemberg	Seit 2007 Ausgabendeckel, bis 2020 Schuldenbremse mit festen Abbauschritten und verbindlichen Regeln für die Aufnahme von Schulden in Landesverfassung.[232]	SPD, CDU, FDP, BÜNDNIS 90/DIE GRÜNEN	DIE LINKE
Bayern	Planung einer Schuldenbremse mit Verfassungsrang, Volksabstimmung möglich. Aktuell bereits Schuldenbegrenzung in Haushaltsordnung.	CDU/CSU, SPD (will nur Landesgesetz), BÜNDNIS 90/DIE GRÜNEN, FPD	DIE LINKE
Berlin	Keine eigene Schuldenbremse geplant.	CDU, SPD, BÜNDNIS 90/DIE GRÜNEN, FDP	DIE LINKE
Brandenburg	Anträge auf Einführung einer Schuldenbremse durch rot-rote Koalition abgelehnt.	CDU, FDP, BÜNDNIS 90/DIE GRÜNEN	DIE LINKE, SPD
Bremen	Eigene Schuldenbremse seit 2012 durch Senatsbeschluss auf Basis der Bundes-Regeln.	CDU (wollte Volksentscheid, statt Senatsbeschluss), SPD, BÜNDNIS 90/DIE GRÜNEN, FDP	DIE LINKE

---

[232] Vgl. Enderlein, Hendrik/Fiedler, Jobst/Schuppert, Folke u.a., Gutachten zur Umsetzung der grundgesetzlichen Schuldenbremse in Baden-Württemberg, online abrufbar: http://www.hertie-school.org/fileadmin/images/Downloads/gutachten_schuldbremse/enderlein-study-schuldenbremse-NEU-RZ-Ansicht.pdf (Stand: 15.08.2012).

Hamburg	Eigene Schuldenbremse ab 2020 durch Koalition von SPD, GAL und FDP mit Konjunkturausnahmen. Verfassungsänderung ersetzt Verschuldungsverbot der CDU-Vorgängerregierung aus Landeshaushaltsordnung.[233]	SPD, GAL, FDP	DIE LINKE, CDU
Hessen	Eigene Schuldenbremse ab 2020 durch Volksentscheid 2011 beschlossen.[234]	CDU, SPD, BÜNDNIS 90/DIE GRÜNEN, FDP	DIE LINKE, PIRATEN[235]
Mecklenburg-Vorpommern	Eigene Schuldenbremse ab 2020 durch Landtag beschlossen. Vorbild ist Schuldenbremse des Bundes.	SPD, CDU, FDP, BÜNDNIS 90/DIE GRÜNEN	DIE LINKE
Niedersachsen	Schuldenbremse auf Landesebene vorerst gescheitert. Änderung der Haushaltsordnung zur Schuldenbegrenzung geplant.[236]	SPD, CDU, FDP, BÜNDNIS 90/DIE GRÜNEN	DIE LINKE

---

[233] Die CDU hatte während ihrer Regierungszeit (2004-2011) ein Schuldenverbot ab 2013 geplant und ebenfalls festgehalten, dass ab 2015 100 Millionen Euro aus Krediten, die in der Finanzkrise aufgenommen wurden, zurückgezahlt werden sollen. Die neue Schuldenbremse hebt diese Regelungen auf. Die Landes-CDU ist daher gegen die Schuldenbremse. Ihr Haushaltsexperte Roland Heintze nennt sie „nur Show": Vgl. Hamburger Abendblatt, CDU nennt Schuldenbremse 2020 ‚reine Schau', online abrufbar: http://www.abendblatt.de/hamburg/kommunales/article2266859/CDU-nennt-Schuldenbremse-2020-reine-Show.html (Stand: 20.08.2012).

[234] Vgl. Frankfurter Allgemeine Zeitung, 70 Prozent für die Schuldenbremse, online abrufbar: http://www.faz.net/aktuell/rhein-main/hessen/volksabstimmung-70-prozent-fuer-die-schuldenbremse-1604652.html (Stand: 20.08.2012).

[235] Die hessischen PIRATEN haben laut einer internen Umfrage mehrheitlich gegen die Schuldenbremse gestimmt (63,95%). Die Auswertung findet sich auf den Servern der PIRATEN: https://vote.piratenpartei-hessen.de/auswertung.php?id=45064 (Stand: 20.08.2012).

[236] Die Fraktionen des Landtags konnten sich nicht auf die Einführung einer Schuldenbremse einigen, weil CDU und FDP die Begrenzung der Schuldenbremse bereits zu 2017 implementiert wissen wollten. SPD und BÜNDNIS 90/DIE GRÜNEN halten dieses Zeitfenster für nicht haltbar, um die

Nordrhein-Westfalen	Schuldenbremse auf Landesebene geplant.	SPD, CDU, FDP, BÜNDNIS 90/DIE GRÜNEN	DIE LINKE
Rheinland-Pfalz	Schuldenbremse auf Landesebene 2010 verabschiedet.	SPD, CDU, FDP, BÜNDNIS 90/DIE GRÜNEN	DIE LINKE
Saarland	Einhaltung der Regeln aus der Bundesschuldenbremse geplant. Keine eigene Landesschuldenbremse.	SPD, FDP, BÜNDNIS 90/DIE GRÜNEN, CDU	DIE LINKE
Sachsen	Schuldenbremse geplant.	SPD, FDP, BÜNDNIS 90/DIE GRÜNEN, CDU	DIE LINKE
Sachsen-Anhalt	Schuldenbremse 2012 in Haushaltsordnung beschlossen.	SPD, BÜNDNIS 90/DIE GRÜNEN, CDU	DIE LINKE, FDP[237]
Schleswig-Holstein	Schuldenbremse 2010 als erstes Bundesland beschlossen.	SPD, FDP, BÜNDNIS 90/DIE GRÜNEN, CDU, SSW	DIE LINKE
Thüringen	Landtagsentscheid gegen Schuldenbremse.[238]	FDP, CDU	DIE LINKE, SPD

Tabelle 2: Übersicht zum Umsetzungsstand der Schuldenbremse in den Bundesländern.

---

jetzige Verschuldung zu reduzieren. Nach dem Scheitern erklärte Christian Dürr (FDP) in einer Pressemitteilung, dies sei ein „schlechter Tag für Niedersachsen"; vgl. Dürr, Christian, Schuldenbremse ist eine Frage der Haltung – SPD entscheidet sich für Total-Verweigerung, online abrufbar: http://www.christian-duerr.de/news/1300-christian-duerr-schuldenbremse-ist-eine-frage-der-haltung--spd-entscheidet-sich-fuer-total-verweigerung (Stand: 20.08.2012).

[237] Die FDP ist auch in Sachsen-Anhalt für eine Schuldenbremse, allerdings soll diese Verfassungsrang haben. Daher hat die FDP gegen einen Beschluss zur Aufnahme der Schuldenbremse in die Landeshaushaltsordnung gestimmt.

[238] Die CDU folgt hier ihrem Koalitionspartner. Die SPD hatte sich in Thüringen gegen die Schuldenbremse ausgesprochen und damit die CDU zum Nachziehen gezwungen. Vgl. MDR, Schuldenbremse in der Verfassung abgelehnt, online abrufbar: http://www.mdr.de/thueringen/landtag-thueringen102.html (Stand: 20.08.2012).

Es wird wohl sichtbar, dass bei der Schuldenbremse in den Ländern bisher und vermutlich auch weiterhin teils sehr unterschiedlich verfahren wird. Thüringen, das bereits strenge Fiskalgesetze hat, sieht keinen Nutzen in einer Schuldenbremse.

In Niedersachsen ist man sich in der Sache einig, aber politisch nicht in der Lage, einen gemeinsamen Beschluss für eine Verfassungsänderung zu treffen. Und in Einzelfällen scheren sogar einzelne sonstige Befürworter aus, wie etwa die SPD in Thüringen und Brandenburg, die CDU in Hamburg oder die FDP in Sachsen-Anhalt. Das ist kaum verwunderlich, denn Bundespolitik ist nicht immer Landespolitik, auch wenn die Übersicht zeigt, dass doch vielfach so verfahren wird.

Vor allem aber wollen sich die Länder, die eine Schuldenbremse einführen, auch gegen den Bund und die Gerichte absichern. So wären die einzelnen Länder ohne eine eigene Schuldenregel ganz den Paragraphen aus dem Grundgesetz ausgeliefert. Und sollte – wie teilweise befürchtet wird – ein Teil der Regeln bezogen auf die Länder gänzlich verfassungswidrig sein, stünden die Länder plötzlich ohne Rechtssicherheit da, wenn nicht eigene Regeln vorliegen.

3.1.2 Widerstand gegen die Bundesbeschlüsse zur Schuldenbremse

Doch auch wenn die Länder prinzipiell ihren Konsens zu einer Schuldenbremse ausgedrückt haben, heißt dies nicht, dass wirklich alle Parteien einverstanden waren und sind. Ein Beispiel dafür liefert etwa die Klage des Landtags Schleswig-Holstein gegen die Schuldenbremse nach deren Verabschiedung auf Bundesebene.

Schleswig-Holstein hatte sich bereits bei der Verabschiedung der Gesetze zur Implementierung der Schuldenbremse von dieser insofern als distanziert, als es sich bei der Abstimmung im Bundesrat zusammen mit Berlin und Mecklenburg-Vorpommern enthielt.[239] Der damalige Ministerpräsident Peter Harry Carstensen erklärte dies mit „verfassungsrechtlichen Bedenken"[240] bezüglich „einer Einschränkung der Haushaltsautonomie der Länder, in einer Form, durch die [...] die darin verankerte Eigenstaat-

---

[239] Vgl. Bundesrat, Stenografischer Bericht, 859. Sitzung, Berlin 12.09.2009, S. 252.
[240] Ebd., S. 267.

lichkeit der Länder verletzt werden könnte(n)"[241]. Carstensen führte aber auch aus, dass er sich keineswegs einer Schuldenbegrenzung entziehen wolle, die Grundlagen einer Schuldenbremse aber in den Länderverfassungen liegen sollten und nicht beim Bund.

Auf Basis dieser Enthaltung ist die spätere Verfassungsklage des Landtags gegen die Schuldenbremse zu verstehen: Nach umfangreichen Beratungen entschied sich der Landtag Schleswig-Holsteins schließlich für eine Klage vor dem Bundesverfassungsgericht mit den Stimmen von SPD, FDP, BÜNDNIS 90/DIE GRÜNEN und SSW. Die CDU-Fraktion des Landes enthielt sich geschlossen.[242]

Die Klage – das wird auch in der Diskussion im Landtag immer wieder deutlich – richtet sich ausdrücklich nicht gegen die Begrenzung von Schulden oder die Schuldenbremse selbst, sondern gegen einen vermuteten Eingriff in das Budgetrecht der Länder, „das Königsrecht der Landesparlamente", wie es Wolfgang Kubicki nennt.[243] Gleichzeitig beschloss der Landtag, dass die Landesregierung Beschlüsse für den Einbau einer Schuldenbremse auf Landesebene fassen solle, um die Neuverschuldung auf Landesebene wirksam zu begrenzen.[244] Besonders dabei ist, dass der Landtag damit auf Distanz zur Landesregierung geht. Die im Jahr 2009 bestehende Große Koalition aus CDU und SPD entschied sich in Koalitionsgesprächen vor dem Entscheid des Landtags gegen eine Klage.

Der damalige Landtagspräsident Martin Kayenburg – ebenfalls CDU – erklärte jedoch vor Pressevertretern, dass Rechte des Landtages nicht zur Disposition von Koalitionsausschüssen stünden, und hielt daher an der Absicht einer Klage fest.[245] Auch die nach der Neuwahl von Herbst 2009 gebildete Koalition aus CDU und FDP erklärte schließlich in ihrem Koalitionspapier:

> „Sobald wir ein Neuverschuldungsverbot in der Landesverfassung verankert haben, wird die vorbereitete Klage des Landtages gegen die Schuldenregel im

---

[241] Ebd.
[242] Vgl. Landtag Schleswig-Holstein, Stenografischer Bericht, 122. Sitzung, 16.09.2009, S. 8972.
[243] Kubicki, Wolfgang, in: Landtag Schleswig-Holstein, Protokoll 122. Sitzung, S. 8960.
[244] Vgl. Landtag Schleswig-Holstein, Drs. 16/2844.
[245] Vgl. Topnews.de, Kieler Landtagspräsident: Klage gegen Schuldenbremse bleibt bestehen, online abrufbar: http://www.topnews.de/kieler-landtagspraesident-klage-gegen-schuldenbremse-bleibt-bestehen-356070 (Stand: 20.08.2012).

Grundgesetz eingereicht werden, um den Eingriff des Bundes in die Haushaltshoheit des Landes abzuwehren."[246]

Diesem Grundsatz folgend reichte der Landtag als Beschwerdeführer am 27. Januar 2010 die Klage vor dem Bundesverfassungsgericht ein. Problematisch bei der Klage war von Anfang an, dass der Landtag als solcher nicht vertretungsberechtigt im Rahmen von Bund-Länder-Streitigkeiten ist, sondern lediglich die jeweilige Landesregierung.[247]

Schleswig-Holstein versuchte, diesen Umstand mit dem Hinweis auf eine verfassungsrechtliche Lücke zu umgehen. Der Landtag begründete hierbei, dass die geltenden Regelungen nicht die Möglichkeit eines Dissenses zwischen Landtag und Landesregierung einbezogen hätten und somit auch die Landtage ein Klagerecht gemäß der fraglichen Rechtsvorschriften haben müssten. Das Bundesverfassungsgericht folgte dieser Auslegung in seinem Urteil vom 16. September 2011 jedoch nicht.[248] Allerdings erklärte es für die Zukunft, dass Landesparlamente,

> „sofern sie die Landesregierung nicht kraft ihrer Regierungsbildungs- und Kontrollfunktion zur Führung eines Bund-Länder-Streits anhalten können, die Möglichkeit [haben], mit Hilfe einer Organklage [...] deren Verpflichtung zur Antragstellung zu erstreiten."[249]

Damit ist insofern das Recht der Parlamente gestärkt worden, als diesem nun ein klares Rechtsmittel an die Hand gegeben wurde, um gegen die eigene Landesregierung vorzugehen, sollte diese nicht der Meinung der Mehrheit des Landtags nachkommen. Die eigentliche Sachfrage, nämlich, ob der Bund den Ländern klare Schuldenbremsen vorgeben darf, blieb unbeantwortet.

Die Klage aus Schleswig-Holstein für die Haushaltsautonomie der Länder und gegen einen möglichen Eingriff durch die Schuldenbremse ist zudem die einzige auf Bundesebene geblieben.

Die einzige weitere Klage wurde im Rahmen einer Organklage durch die Bremer Fraktion der Partei DIE LINKE eingebracht und beschäftigte sich mit der Frage, ob ein

---

[246] Koalitionsvertrag von CDU und FDP, Koalition des Aufbruchs, Flensburg 2009, S. 3.
[247] Vgl. Artikel 68 Bundesverfassungsgerichtsgesetz (BVerfGG).
[248] Vgl. BVerfG, 2 BvG 1/10, 19.8.2011, online abrufbar:
http://www.bundesverfassungsgericht.de/entscheidungen/gs20110819_2bvg000110.html (Stand: 17.07.2012).
[249] Ebd.

Verstoß gegen die Informationspflicht der Bürgerschaft vorliegen könnte. Bremen und Baden-Württemberg hatten die Gesetze zur Schuldenbremse in den Bundesrat eingebracht[250] und abschließend auch zugestimmt.[251] Die Fraktionsvorsitzende Monique Troedel bezeichnete das Vorgehen in den Medien als „geheime Kommandosache"[252], man habe „ohne jegliche Information oder gar Anhörung der Bürgerschaft"[253] gehandelt. Der Staatsgerichtshof wies die Klage jedoch als unbegründet ab und zeigte in seinem Urteil relativ detailgetreu auf, wann und in welcher Form der Senat die Bürgerschaft stets über den Fortgang und die Abstimmung informiert hatte.[254]

Andere Institutionen haben bisher von einer Klage abgesehen, somit fehlt eine weitere rechtliche Betrachtung der Schuldenbremse und ihrer Wirkung auf die Länder. Das fehlende Urteil auf höchstrichterlicher Ebene macht damit den Weg frei für die anhaltende akademische Diskussion über die Einschränkung von Länderrechten.

3.2 Zur Beurteilung der Schuldenbremse im Bund-Länder-Kontext

3.2.1 Zur Frage der möglichen Störung des Föderalprinzips der BRD

Anders als die Politik ist sich die Forschung gänzlich uneins, ob die föderalen Strukturen der Bundesrepublik – wie sie das Grundgesetz gewährt – durch eine „verordnete" Schuldenbremse gestört wird. Mancher warnt gar vor einer „verfassungsrechtlich zweifelhafte[n] Idee".[255] Andere sehen keinen Verstoß, „wenn die Bundesverfassung den Ländern eine bestimmte Begrenzung der Staatsverschuldung"[256] vorschreibt. Die Verfassung selbst will keine Antwort auf diese Frage liefern, sie bleibt frei bei dem Satz „Bund und Länder sind in ihrer Haushaltswirtschaft selbstständig und voneinander

---

[250] Vgl. BR-Drs. 262/09.
[251] Vgl. Bundesrat, Stenografischer Bericht, 859. Sitzung, Berlin 12.09.2009, S. 252.
[252] Pressemeldung DIE LINKE, Linksfraktion verklagt Senat – Muss Bremen wegen der 'Schuldenbremse' bis zu 40 Prozent aller öffentlichen Angestellten entlassen?, online abrufbar: http://www.linksfraktionbremen.de/nc/themen/haushalt_und_finanzen/detail/browse/10/zurueck/haushalt-und finanzen/artikel/linksfraktion-verklagt-senat-muss-bremen-wegen-der-schuldenbremse-bis-zu-40-prozent-aller-oeffen-1/ (Stand: 20.08.2012).
[253] Ebd.
[254] St 1/09, online abrufbar: http://www.staatsgerichtshof.bremen.de/sixcms/media.php/13/St1.09-URTEIL-Endf-anonym.pdf (Stand: 17.08.2012).
[255] Sturm, Roland, Verfassungsrechtliche Schuldengrenzen im Föderalismus, a.a.O., S. 60.
[256] Häde, Ulrich, in: Kommissionsprotokoll 4. Sitzung, S. 91.

unabhängig"[257] und öffnet damit den Rahmen für eine weitreichende verfassungsrechtliche, wie auch politische Diskussion, deren Abschluss maximal durch die Frage nach anderen Problemen der aktuellen Zeit überlagert wurde.[258] Dennoch bleibt die Frage: „Ist die Schuldenbremse die letzte Stufe der Selbstaufgabe der Länder?"[259]

3.2.1.1 Vereinbarkeit der Schuldenbremse mit dem Grundgesetz aus Sicht der Forschung

Das Bundesfinanzministerium findet darauf bereits während der Kommissionsarbeit eine für sich klare Antwort: Ja,

> „unter dem Gesichtspunkt der Bundestreue stehen alle Glieder eines Bundesstaates unter dem Gebot, auf die Interessen der anderen Glieder Rücksicht zu nehmen und sie nicht durch gegenläufige Handlungen an der Wahrnehmung ihrer Aufgaben zu hindern."[260]

Damit sei die „Selbstständigkeit und Unabhängigkeit der Haushaltswirtschaft der Länder" [261] nicht grenzenlos, sondern der gegenseitigen Rücksichtnahme verpflichtet. Für das Bundesfinanzministerium leitet sich hieraus auch die Vorgabe von Regeln innerhalb des Grundgesetzes für die Länder ab. Auch andere Autoren sehen dies ähnlich, besonders weil sich aus „dem deutschen Verfassungsrecht [...] nur wenige Vorgaben für eine Reform der Finanzordnung"[262] ergeben und somit im Ergebnis der „Gesetzgeber [...] einen weiten Spielraum"[263] hat.

Auf der anderen Seite warnen Verfassungsrechtler wie Korioth davor, dass eine finanzielle Eigenständigkeit der Länder in jedem Fall gewährleistet sein muss, um der grundsätzlichen Autonomie der Bundesländer nachzukommen:

---

[257] Artikel 109 Absatz 1 Grundgesetz.
[258] Aufgrund der aktuellen politischen Entwicklung um eine europäische Schuldenkrise und die möglichen Absicherungen durch eine potenzielle europäische Schuldenbremse (Fiskalpakt) oder einen gleichzeitig finanzintensiven „Rettungsschirm" finanziell angeschlagener Staaten hat sich die Diskussion sicherlich auch ein Stück weit dorthin verschoben und den „Druck" von einer rein nationalen Entscheidung genommen. Ob zum Guten oder zum Schlechten, bleibt abzuwarten.
[259] Vgl. Sturm, Roland, Verfassungsrechtliche Schuldengrenzen im Föderalismus, a.a.O., S. 68.
[260] Steinbrück, Peer, Notwendigkeit und Inhalt einer neuen Schuldenregelung im Grundgesetz, in: Kommission von Bundestag und Bundesrat zur Modernisierung der Bund-Länder-Finanzbeziehungen, K-Drs. 096, Anlage 2, S. 4.
[261] Ebd.
[262] Buscher, Daniel, Der Bundesstaat in Zeiten der Finanzkrise, a.a.O., S. 219.
[263] Ebd., S. 220.

„Die Verteilung der Einnahmen muß [sic!] Bund und Länder in die Lage versetzen, die ihnen verfassungsrechtlich zukommenden Aufgaben auch wahrzunehmen."[264]

Dieser Aspekt ist jedoch bereits seit Jahren zumindest fraglich, denn eine wirkliche Autonomie der Länder liegt bei Einnahmen und Ausgaben nicht mehr vor: „Neben der Grunderwerbsteuer verfügen die Länder über keine eigenständigen Steuergestaltungsmöglichkeiten"[265], stellt Buscher fest; auch Feld gibt zu bedenken, „dass solche Schuldenbremsen für die Länder nur in Verbindung mit einer größeren Steuerautonomie sinnvoll sind [...]".[266] Nur so sei gewährleistet, dass „die Länder auf unvorhergesehene Entwicklungen in der Finanzpolitik [...] flexibel reagieren können."[267]

Entsprechende Maßnahmen wurden jedoch im Rahmen der Föderalismuskommission II nicht getroffen. Aspekte einer veränderten Aufteilung der Steuerpolitik kamen nicht abschließend zur Sprache – ein Umstand, der Schneider zu dem bitteren Fazit bringt, die Länder hätten nun keine andere Möglichkeit mehr, als „bei Bildung, Kultur, Justiz und innerer Sicherheit sowie nicht zuletzt bei der Mitfinanzierung ihrer Kommunen"[268] zu sparen. Schneider begründet seine Kritik damit, dass mit der Schuldenbremse für die Länder die Bundesebene sehr wohl massiv in die Verfassungshoheit der Länder eingreift. Er führt aus, dass die Hoheit der Länder maximal durch das Homogenitätsgebot[269] begrenzt ist. „Von einheitlicher Finanzverfassung oder gar von nahezu identischen Schuldenbremsen ist hier nicht die Rede"[270], kritisiert Schneider und verweist darauf, dass die Länder teilweise eigene Schuldenbremsen in ihrer Verfassung haben und diese zum Teil gar gegen die Schuldenbremse des Bundes verstoßen würden, wenn

---

[264] Korioth, Stefan, Der Finanzausgleich zwischen Bund und Ländern, Tübingen 1997, S. 100.
[265] Buscher, Daniel, Der Bundesstaat in Zeiten der Finanzkrise, a.a.O., S. 221.
[266] Feld, Lars P., Finanzautonomie und Transfersysteme im internationalen Vergleich: Das Beispiel Schweiz, in: Baus, Ralf Thomas/Fischer, Thomer/Hrbek, Rudolf (Hrsg.), Föderalismusreform II: Weichenstellungen für eine Neuordnung der Finanzbeziehungen im deutschen Bundesstaat (Ergebnisse einer gemeinsamen Konferenz der Konrad-Adenauer-Stiftung, der Bertelsmann Stiftung und des Europäischen Zentrums für Föderalismus-Forschung Tübingen, S. 177-197, S. 178.
[267] Ebd.
[268] Schneider, Hans-Peter, Selbstmord der Kostgänger, in: Müller, Reinhard (Hrsg.), Staat und Recht. 100 Beiträge aus der F.A.Z.-Rubrik ‚Staat und Recht', Kösel 2011, S. 199.
[269] Artikel 28, Absatz 1 Grundgesetz: „Die verfassungsmäßige Ordnung in den Ländern muß den Grundsätzen des republikanischen, demokratischen und sozialen Rechtsstaates im Sinne dieses Grundgesetzes entsprechen. [...]"
[270] Schneider, Hans-Peter, Selbstmord der Kostgänger, in: Müller, Reinhard (Hrsg.), Staat und Recht. 100 Beiträge aus der F.A.Z.-Rubrik ‚Staat und Recht', Kösel 2011, S. 200.

Entsprechendes im Grundgesetz verankert würde.²⁷¹ Somit wären die Länder gezwungen, sich dem Bund anzupassen. Das wäre jedoch ein Verfassungsverstoß, denn der

> „Bund kann die Länder aber nicht zwingen, ihre Verfassungen zu ändern, wenn es in den Landesparlamenten an den dazu erforderlichen Zweidrittelmehrheiten fehlt."²⁷²

Die Länder sind aber abschließend genau diesem Weg gefolgt und haben, wie Korioth ausführt, „ihre überwiegende Zustimmung [...] im Bundesrat freiwillig"²⁷³ gegeben und damit „auf erhebliche Gestaltungsspielräume verzichtet [...]"²⁷⁴.

Fraglich ist nur, ob die Länder überhaupt noch Spielräume in ihrer Haushaltsführung haben. So führt Rossi vor dem Berliner Abgeordnetenhaus aus, dass „[...] der Verschuldungsspielraum der Länder faktisch und auch rechtlich, seit den Maastricht-Kriterien europarechtlich, längst eingeschränkt ist [...]"²⁷⁵ und warnt „mit einer entsprechenden Klage vor das Bundesverfassungsgericht zu gehen – das kann nur nach hinten losgehen."²⁷⁶

Auch Häde erklärt mit Blick auf die Verantwortung des Bundes gegenüber der europäischen Gemeinschaft, „[...] dass der Bund [...] in der Lage ist, die Durchsetzung der europäischen Haushaltsdisziplin auch innerstaatlich sicherzustellen."²⁷⁷ Er bezieht sich dabei auf die Maastricht-Kriterien und die unbedingte Durchsetzung durch die Regierungen der Mitgliedsstaaten, was wiederum im Falle Deutschlands die Bundesregierung sei. Häde erkennt aber auch an, dass, „nicht unbegrenzt Vorschriften für die Gestaltung der Länderverfassungen erlassen"²⁷⁸ werden können und empfiehlt er:'.

---

[271] Ebd.
[272] Ebd.
[273] Korioth, Stefan, Stellungnahme zum Entwurf eines Vierten Gesetzes zur Änderung der Verfassung des Landes Mecklenburg-Vorpommern (Drucksache 5/4192), online abrufbar: http://www.landtag-mv.de/fileadmin/media/Dokumente/Ausschuesse/Europa-_und_Rechtsausschuss/Stellungnahmen_Schuldenbremse/Stellungn_Korioth-Uni-M%C3%BCnchen.pdf, S. 6.
[274] Ebd.
[275] Rossi, Stefani M., in: Hauptausschuss Abgeordnetenhaus Berlin, Geplantes Kreditfinanzierungsverbot für die Landeshaushalte im Grundgesetz (Schuldenbremse), Wortprotokoll, Haupt 16/58, S. 4 f.
[276] Ebd.
[277] Häde, Ulrich, in: Kommissionsprotokoll 4. Sitzung, S. 91.
[278] Ebd.

"[...] im Grundgesetz selbst ausdrückliche Regelungen, die die Schuldenaufnahme betreffen, für die Länder vorzusehen, als die Länder zu verpflichten, ihre Verfassungen auf eine bestimmte Weise zu ändern."[279]

Häde hält auch abschließend in seinen Ausführungen fest, dass der Europäische Gerichtshof immer wieder sage, „dass alle Träger hoheitlicher Gewalt in den Mitgliedsstaaten durch das Gemeinschaftsrecht direkt verpflichtet sind."[280] Gerade diesen Umstand wertet aber Schneider deutlich anders und verweist darauf, dass das Gemeinschaftsrecht föderativ blind sei und im Grundgesetz durch Artikel 23 Absatz 1[281] Veränderungen der grundlegenden Prinzipien durch Gemeinschaftsrecht ausgeschlossen würden.[282]

Auch Wieland denkt, dass ein Bundesgesetz mit Regeln für die Ländergesetzgebung die Haushaltsautonomie betreffend „dem Grundgedanken einer bundesstaatlichen Ordnung diametral widersprechen [würde] und durchaus in den Bereich der Ewigkeitsgarantie des Art. 79 Abs. 3 hineinreichen"[283] könnte. Wieland argumentiert, dass eine verhinderte Einnahmen- und Ausgabenpolitik der Länder nachhaltig deren Staatlichkeit in Frage stellt.[284] Schneider fordert aus diesem Grund, „für die Schuldenproblematik intelligente Lösungen zu finden, die vor allem von den Ländern auf freiwilliger Basis übernommen und umgesetzt werden."[285] Auch Ratzmann erklärt, „die Landesregierungen täten gut daran, die Landesparlamente in die Beratungen einzubeziehen."[286] Doch innerhalb der Föderalismuskommission II reicht es im Rahmen der Diskussion nur für

---

[279] Ebd.
[280] Ebd.
[281] Vgl. Artikel 23, Absatz 1 Grundgesetz: „[...] Für die Begründung der Europäischen Union sowie für Änderungen ihrer vertraglichen Grundlagen und vergleichbare Regelungen, durch die dieses Grundgesetz seinem Inhalt nach geändert oder ergänzt wird oder solche Änderungen oder Ergänzungen ermöglicht werden, gilt Artikel 79 Abs. 2 und 3."
[282] Schneider, Hans-Peter, in: Kommissionsprotokoll 4. Sitzung, S. 92.
[283] Wieland, Joachim, in: Kommissionsprotokoll 4. Sitzung, S. 74.
[284] Vgl. Wieland, Joachim, Staatsverschuldung: Sind Stabilitätspakt und Schuldenbremse nur noch Makulatur?, in: von Arnim, Hans Herbert, Systemmängel in Demokratie und Marktwirtschaft. Beiträge auf der 12. Speyerer Demokratietagung vom 28. bis 29. Oktober 2010 an der Deutschen Hochschule für Verwaltungswissenschaften Speyer, S. 9-18, S. 13.
[285] Schneider, Hans-Peter, in: Kommissionsprotokoll 4. Sitzung, S. 101.
[286] Ratzmann, Volker, Eine verhalten positive Einschätzung zu den Erfolgsaussichten der zweiten Stufe der Föderalismusreform, in: Baus, Ralf Thomas/Eppler, Annegret/Wintermann, Ole (Hrsg.), Zur Reform der föderalen Finanzverfassung in Deutschland. Perspektiven für die Föderalismusreform II im Spiegel internationaler Erfahrungen (Schriftenreihe des Europäischen Zentrums für Föderalismus-Forschung), Baden-Baden 2008, S. 216-225, S. 218.

Zwischenrufe und Protestbekundungen der Landesparlamente ohne wirkliche Rücksichtnahme durch die Landesregierungsvertreter.[287]

Schneider erklärt in einem Gutachten für die Landtagsvertreter die Haltung der Landesregierungsvertreter damit, dass „jene sich aber mit Hilfe einer derartigen Schuldenregel aus exekutiver Sicht nur allzu gern vermeintlicher oder tatsächlicher Begehrlichkeiten ihrer Parlamente"[288] erwehren wollen, und führt weiter aus, dass von diesen daher „gegen die Unterwerfung ihres Landes unter das Schuldenregime des Bundes vermutlich kein ernsthafter Widerstand zu erwarten"[289] wäre. Schneider bleibt in seinem Gutachten Argumenten aus der Sachverständigenanhörung treu und erklärt:

> „Die geplante Schuldenregelung greift in die Haushaltsautonomie der Länder ein und bedarf daher einer verfassungsrechtlichen Rechtfertigung, darüber hinaus einer Gesetzgebungskompetenz des Bundes für den Erlaß [sic!] eines Ausführungsgesetzes. Zur Schaffung dieser Voraussetzungen genügt weder die Bezugnahme auf das Prinzip der Bundestreue noch der Hinweis auf die Regelungsbefugnisse des Bundes bei extremen Haushaltsnotlagen."[290]

In seinem Aufsatz „Selbstmord der Kostgänger" warnt er außerdem vor einem Vertrauensverlust auf allen Ebenen der Politik, der durch die Schuldenbremse begünstigt wird und dazu führe, dass jeder „[…] versucht, sich auf Kosten der Gesamtheit Vorteile zu verschaffen".[291] Sturm wiederum formuliert diesen Umstand noch drastischer und betont, die Schuldenbremse sei ein „Indiz für Politikversagen"[292].

Ganz anders sieht das Schemmel, der die Schuldenbremse als genügend legitimiert ansieht, da ein Eingriff „nicht übermäßig, sondern […] der Verpflichtung der Länder zur Bundestreue"[293] entspricht. Er sieht dies unter anderem darin begründet, dass eine zunehmende Verschuldung dauerhaft Bund und Länder gefährden würde und somit

---

[287] Vgl. u.a. Offener Brief der Vertreter der Landtage in der Föderalismuskommission II, in: Kommission von Bundestag und Bundesrat zur Modernisierung der Bund-Länder-Finanzbeziehungen, K-Drs. 100; Erklärung der Vertreter der Landtage, in: Kommission von Bundestag und Bundesrat zur Modernisierung der Bund-Länder-Finanzbeziehungen, K-Drs. 160; Kayenburg, Martin, in: Kommissionsprotokoll 4. Sitzung, S. 557.
[288] Schneider, Hans-Peter, Schuldenregelungen des Bundes für die Haushaltswirtschaft der Länder – Verfassungsrechtliche Möglichkeiten und Grenzen, in: Kommission von Bundestag und Bundesrat zur Modernisierung der Bund-Länder-Finanzbeziehungen, K-Drs. 134, S. 5.
[289] Ebd.
[290] Ebd.
[291] Schneider, Hans-Peter, Selbstmord der Kostgänger, in: Müller, Reinhard (Hrsg.), Staat und Recht. 100 Beiträge aus der F.A.Z.-Rubrik ‚Staat und Recht', Kösel 2011, S. 199.
[292] Sturm, Roland, Verfassungsrechtliche Schuldengrenzen im Föderalismus, a.a.O., S. 58.
[293] Schemmel, Lothar, Grenzen der Staatsverschuldung in den Bundesländern, Berlin 2011, S. 51.

beide dazu angehalten wären, die entsprechenden Schritte zu unternehmen, keine weiteren Schulden aufzubauen. Diesem Grundsatz folgend

> „sollten die Länder als Grundelemente des Bundesstaats bei der Begrenzung des Staatsverschuldung einerseits so viel an Kompetenzen wie möglich behalten, sollten aber andererseits so viel an Einschränkungen ihrer Haushaltsautonomie akzeptieren, wie im gemeinsamen Interesse erforderlich ist."[294]

Schemmel sieht sich hierbei besonders durch die bereits genannten Positionen von Häde, Korioth und dem Bundesministeriums für Finanzen bestätigt, drängt insgesamt in seinem Bericht aber auch auf Schuldenbremsen in den Ländern. Im Fokus stehen bei seinen Ausführungen vor allem die sinnvolle Begrenzung von Schulden und die Abschwächung der Verschwendung von Steuergeldern durch Schuldengrenzen auf Bundes- und Länderebene. Schemmel geht in seinen Ausführungen so weit, das mögliche „Scheitern der Schuldenbremse auf Länderebene"[295] zu einer „fatalen Schwächung der Position, dass alle Mitgliedstaaten der EU eine Schuldenbremse in ihre Verfassung aufnehmen sollten"[296], zu erklären. Auch aus diesem Grund müsse „nicht zuletzt auch auf Landesebene zielgerecht und zweckentsprechend"[297] die Schuldenbremse umgesetzt werden.

Auch Verfassungsrechtler Meyer sieht in einer Stellungnahme nicht eine übermäßige Beschränkung der Länder, vielmehr werde die „Grenze des Schutzes der Staatlichkeit der Länder [...] nicht überschritten [...]".[298] Meyer weist dabei weiterhin darauf hin, dass deutsches Verfassungsrecht auch bereits Einkommensverflechtung und Mischfinanzierung von Bund und Ländern erlaube und auch diese Formen des Einflusses nicht gegen das Grundgesetz verstoßen hätten.

Sein Kollege Lange folgt der grundsätzlichen Kritik der Schuldenbremsen-Gegner ebenfalls nicht und erklärt, dass er die Vorstellung, die Eigenständigkeit der Länder hinge nur noch davon ab, ob diese sich immer weiter verschulden könnten, für weit überzogen hält. Die Länder verlören mitnichten ihre Staatsqualität, wenn sie zum Sparen

---

[294] Ebd., S. 34.
[295] Ebd., Geleitwort VI.
[296] Ebd.
[297] Ebd.
[298] Meyer, Hans, Stellungnahme zum Fragenkatalog der Föderalismuskommission II, in: Kommission von Bundestag und Bundesrat zur Modernisierung der Bund-Länder-Finanzbeziehungen, K-Drs. 014, S. 6.

gezwungen würden, sondern lediglich, wenn ihre „angemessene Finanzausstattung" nicht mehr gewährleistet wäre.[299] Auch nimmt er an, dass durch die Bindung von Bund und Ländern an eine Schuldenbremse „sich der Bundesstaat gerade in einem Akt bundesstaatlicher Solidarität"[300] befände, „indem im gemeinsamen Interesse alle Seiten Opfer bringen."[301]

Auch Huber geht in seiner Argumentation in diese Richtung und verweist auf die Entscheidung des Bundesverfassungsgerichts von 1972, in dem dieses unter anderem laut Huber festhält, dass „die Länder einen festen Anteil am Steueraufkommen besitzen"[302] müssen. Gerade durch die Stärkung in einigen Haushaltsbereichen durch die Föderalismuskommission I, so Huber, ist gerade dieses Recht gestärkt worden. Sorgen bezüglich der Einnahmen der Länder bestünden also nicht. Dieser Auffassung folgen auch Lenz und Burgbacher und verweisen dabei auch auf die festgehaltene Möglichkeit der Länder im Grundgesetz, in Fällen von Katastrophen entsprechende Ausnahmen geltend zu machen und sich außerordentlich zu verschulden.[303]

Deubel wiederum geht davon aus, dass „es verfassungsrechtlich zulässig ist, für die Kreditaufnahme von Bund und Ländern gleichermaßen geltende Prinzipien im Grundgesetz zu verankern."[304] Deubel verweist dabei ebenfalls auf das „bündische Prinzip, das solidarische Einstehen füreinander in Notlagen"[305], fordert aber auch, „dass sich alle Beteiligten an gemeinsam verabredete Regeln halten."[306]

Rechtfertigen nun aber gemeinsame Regeln, das bündische Prinzip oder Auslegungen von Entscheidungen des Bundesverfassungsgerichts von 1972 den Eingriff in die Haushaltsautonomie der Länder? Bei allen Bemühungen, Für und Wider klar abzugren-

---

[299] Bundestag/Bundesrat, Gemeinsame Sitzung des Rechtsausschusses des Deutschen Bundestages (138. Sitzung) und des Finanzausschusses des Bundesrates, Berlin 2000, S. 8.
[300] Ebd.
[301] Ebd.
[302] Ebd., S. 4.
[303] Vgl. Lenz, Christopher/Burgbacher, Ernst, Die neue Schuldenbremse im Grundgesetz, in: NJW 35 (2009), S 2561-2567, S. 2565: „In jedem Fall wird deutlich, dass an dieser Stelle den Ländern ein ganz erheblicher Spielraum für die rechtliche Regelung der faktischen Kreditfinanzierung ihrer Haushalte bleibt, den sie in der Landesverfassung und in den haushaltsbezogenen Landesgesetzen ausfüllen können."
[304] Plenarprotokoll des Deutschen Bundestags, 16/225, S. 23384.
[305] Ebd.
[306] Ebd.

zen, bleiben Lücken und Fragezeichen. Und diese wird wohl nur ein Urteil des Bundesverfassungsgerichts klären können. Ob dabei die Sicht von Rossi, eine Klage könne nur scheitern, Bestand hat, bleibt abzuwarten. Auf die Frage, ob ein Land erfolgreich gegen die Schuldenbremse klagen könne, antwortete in der FAZ der ehemalige Bundesverfassungsrichter Hans-Joachim Jentsch:

> „Hier besteht tatsächlich ein Risiko. Der Gesetzgeber muss zumindest zu erkennen geben, dass er das Problem sieht. Er muss es transparent machen. Das geschieht nicht."[307]

Diesem Umstand mag es auch geschuldet sein, dass die Debatte nach ausführlichem Austausch aller möglichen Sachverständigen nicht abgeklungen ist und noch länger die Politik und die Föderalismuskommission II beschäftigten wird. Daher soll als Nächstes noch ein Blick auf die politischen Aspekte der Diskussion geworfen werden.

3.2.1.2 Weitere Auseinandersetzungen innerhalb der Kommission

Wohl die größte politische Opposition gegen die Schuldenbremse kam neben der Partei DIE LINKE den Landtagen zu. Mit deutlichen Worten der Sorge wendeten sich die Verantwortlichen während der Kommissionsarbeit immer wieder an die Kommission:

> „Der Weg einer einseitigen Grundgesetzänderung zu Lasten der Landesparlamente ist verfassungspolitisch nicht hinnehmbar und verfassungsrechtlich bedenklich. Die Landesparlamente können einen solchen Weg, der auf ihre budgetrechtliche Entmachtung hinausliefe, nicht mitgehen."[308]

Mitunter auf dieser Warnung fußt die spätere Klage des Landtags Schleswig-Holstein (s. Kapitel 3.2). Die Föderalismuskommission jedoch war für solche Bedenken nicht sonderlich offen und stützte sich – wie dargelegt – in weiten Teilen auf die Gutachten, die keine Bedenken gegen einen Eingriff in die Haushaltsautonomie zeigten. Mit diesen Gutachten im Rücken erklärte Struck freimütig nach Ende der Kommissionsarbeit bei der zweiten und dritten Lesung der zu verabschiedenden Gesetze für die Schuldenbremse:

---

[307] Frankfurter Allgemeine Zeitung, Starke Zweifel an geplanter Schuldenbremse, online abrufbar: http://www.faz.net/aktuell/politik/inland/verfassungsrechtler-starke-zweifel-an-geplanter-schuldenbremse-1769054.html (Stand: 20.08.2012).
[308] Offener Brief der Vertreter der Landtage in der Föderalismuskommission II, in: Kommission von Bundestag und Bundesrat zur Modernisierung der Bund-Länder-Finanzbeziehungen, K-Drs. 100, S. 2.

> „Wenn jemand meint, es sei verfassungswidrig, dann soll er klagen. Ich habe gehört, dass vier Fraktionen des Landtages Schleswig-Holstein gegen diese Regelung, die wir festgelegt haben, klagen wollen. Sollen sie klagen!"[309]

Auch Oettinger warnt in der vorletzten Sitzung der Föderalismuskommission II:

> „Wenn die Klage angekündigt wird, Kollege Stegner, dann erinnere ich daran, dass es wohl eine Mehrheitsmeinung ist, dass Landtage gegen das Grundgesetz und dessen Anwendung nicht klagen können, da dies nur eine Landesregierung tun kann, der Sie nicht mehr angehören und der Kollege Kretschmann noch nicht angehört. Deswegen wird es schwierig."[310]

Beide Vorsitzende machen damit die Haltung der Kommission abschließend deutlich: Abweichungen soll es nicht geben, Klagen werden keinen Erfolg haben – eine zumindest fragwürdige Auffassung. Sicherlich hat Oettinger recht mit seinem Hinweis, die Landtage würden nicht klageberechtigt sein, verwunderlich ist es dennoch, dass gerade ein Ministerpräsident sich von der möglichen Budgethoheit seines Landes so freimütig verabschiedet.[311]

Auf der anderen Seite gilt sicherlich der Einwand, die Föderalismuskommission II hätte sehr wohl versucht, auf die Bedenken der Beschwerdeführer einzugehen. Martin Kayenburg, einer der Beschwerdeführer von Seiten der Landtage, erklärte früh in der Kommission, dass „wir neue Schuldenregelungen nur dann für akzeptabel halten, wenn sie in den Landesverfassungen gesondert und kraft eigenständigen Rechts vereinbart werden."[312]

Mit Blick auf die „Übersicht zum Umsetzungsstand in den Ländern"[313] der eigenen Schuldenregeln ist festzuhalten, dass die Länder diesem Umstand weitgehend nachgekommen sind. Dabei musste entweder die Mehrheit des Landtags entscheiden oder das Volk befragt werden – in beiden Fällen war kein Widerstand festzustellen. Dennoch bleibt der Vorwurf, die Einschränkung der Schuldenbremse sei weniger freiwillig

---

[309] Struck, Peter, in: Plenarprotokoll des Deutschen Bundestags, 16/225, S. 24857.
[310] Oettinger, Günther H., in: Kommissionsprotokoll 18. Sitzung, S. 560. Anmerkung: Stegner und Kretschmann sind u.a. Unterzeichner des offenen Briefes der Landtage (K-Drs. 100).
[311] Dazu wiederum passen die vorgebrachten Argumente Schneiders hinsichtlich des Interesses einer Beschneidung der Parlamente, die bereits Thema dieser Untersuchung waren. Vgl. Schneider, Hans-Peter, Schuldenregelungen des Bundes für die Haushaltswirtschaft der Länder – Verfassungsrechtliche Möglichkeiten und Grenzen, in: Kommission von Bundestag und Bundesrat zur Modernisierung der Bund-Länder-Finanzbeziehungen, K-Drs. 134, S. 5.
[312] Kayenburg, Martin, in: Kommissionsprotokoll 4. Sitzung, S. 557.
[313] S. Kapitel 3.1.1.

erfolgt, wie sie die Landtage gefordert haben,[314] als vielmehr durch den Druck von „oben". Dies kritisiert auch Sturm: „Die Chance einer bottom-up Lösung [sic!] wurde weitgehend verspielt, ja noch nicht einmal ernsthaft erwogen."[315] Die Kritik erinnert an eine Empfehlung der im Rahmen der Sachverständigen-Anhörung befragten Schweizer Experten, die doch Transparenz, Akzeptanz und Motivation[316] zur Grundlage für eine erfolgreiche Implementierung der Schuldenbremse machten.

Diesem Weg wollten die Politiker der Föderalismuskommission II offenbar nicht folgen. Ob diese „(künstliche) Externalisierung politischer Verantwortung"[317] wirklich allein wahltaktischen Vorteilen der Politik zu verdanken ist, „weil dadurch der Regierung die direkte Zuschreibung unpopulärer Politik erspart bleiben soll"[318], wie Sturm kolportiert, oder nicht, muss allerdings mit einem offenen Fragezeichen versehen werden. Die Antwort wird kein Politiker geben wollen.

3.2.2 Mögliche Folgen für die Bundesländer nach 2020

Der aktuelle Stand der Schuldenbremse in den Ländern ist – ob nun verfassungsrechtlich genehm oder nicht – für den Moment Fakt. Man darf wohl den Blick nach vorne wagen: Was wird 2020? Nach dem Willen der Kommission keine Neuverschuldung für Bund und Länder. Der Bund soll, so gewünscht, bereits 2016 weitgehend entschuldet sein, und die Länder sollen 2020 nachziehen. Aber ist das angesichts der andauernden Schuldenkrise realistisch? Als die Föderalismuskommission II ihre Arbeit aufnahm, war sie in einer guten Ausgangsposition: Die Staatseinnahmen sprudelten, das Land schien sich positiv zu entwickeln, in Schuldenabbau schien sinnvoll.

---

[314] Vgl.: Offener Brief der Vertreter der Landtage in der Föderalismuskommission II, in: Kommission von Bundestag und Bundesrat zur Modernisierung der Bund-Länder-Finanzbeziehungen, K-Drs. 100, S. 2: „Eine freiwillige Einschränkung des Budgetrechts durch die Landesparlamente wird nur in Betracht kommen, wenn ein in sich schlüssiges Gesamtkonzept der Kommission vorliegt, das die Begrenzung der Neuverschuldung durch die Bewältigung der Altschuldenproblematik und die Entwicklung einer aufgabengerechten Finanzausstattung flankiert. Neue Schuldenregeln dürfen den Ländern nicht durch eine Änderung des Grundgesetzes übergestülpt werden."
[315] Sturm, Roland, Verfassungsrechtliche Schuldengrenzen im Föderalismus, a.a.O., S. 59.
[316] Vgl. Müller, Christian/Hartwig, Jochen/Frick, Andreas, Eine Schuldenbremse für den deutschen Bundeshaushalt. Ein Vorschlag zur Reform der Haushaltsgesetzgebung, a.a.O., S. 37-43.
[317] Sturm, Roland, Verfassungsrechtliche Schuldengrenzen im Föderalismus, a.a.O., S. 58.
[318] Ebd.

Gerade einmal drei (!) Jahre später zeichnet sich das Bild anders: Deutschlands Verschuldung ist höher denn je – nicht so sehr, weil Politiker schlecht gewirtschaftet haben, sondern weil die Europäische Gemeinschaft der Rettung bedarf. Und doch will der Bund spätestens 2016 seine Schuldenbremse einhalten.[319] Die Länder dagegen sind für 2020 weniger optimistisch: Schließlich ist auch ihre Verschuldung gestiegen – dank Landesbanken-Dilemma[320], Strukturproblemen und „Chaos-Politik":

Die Finanzierung der Gemeinden und Kommunen gestaltet sich zum Beispiel in Nordrhein-Westfalen durch steigende Verschuldung immer schwieriger.[321] Im Osten fehlen durch Abwanderung letztlich Steuerzahler,[322] die die Kassen aufbessern können. Und sich ständig verteuernde Großprojekte wie die Elbphilharmonie (Hamburg) oder der Flughafen Berlin-Brandenburg (Berlin/Brandenburg) drücken zusätzlich auf die Kassen der Länder und Stadtstaaten. Kann da der Schuldenstand signifikant fallen?

Ein weiteres Problem könnte das Auslaufen der Strukturpakete Länderfinanzausgleich und Solidarpakt II sein. Ekardt und Buscher sehen vor dem Hintergrund der Krise und dieser zusätzlichen Belastung den „Zeitrahmen für die Einhaltung der ‚Schuldenbremse' […] äußerst unglücklich gewählt"[323]. Zu diesem Schluss scheinen nun langsam auch die Länder zu kommen, und es gibt bereits erste Gedankenspiele, den Solidarpakt II auch über 2019 hinaus zu verlängern – allerdings diesmal als Ausgleichs-

---

[319] Kißler, Andreas, Bund will schon 2014 Schuldenbremse einhalten, online abrufbar: http://nachrichten.finanztreff.de/news_news.htn?id=8142800&offset=30&sektion=wirtschaftpolitik (Stand: 12.09.2012).

[320] Die Landesbanken haben sich im Rahmen von Immobilien-Spekulationen in den USA und anderen geplatzten Geschäften im Rahmen der Finanzkrise schwer verhoben. Die HSH Nordbank, die WestLB, die Landesbank Berlin und die BayernLB überlebten zum Beispiel nur dank Milliarden-Stützen von den Sparkassen und Ländern. Vgl. u.a. Pauly, Christoph/Seith, Anne, Schrott in den Bilanzen, Der Spiegel 11 (2011), S. 76-77; zur Verschuldung der Länder mit den Landesbanken vgl. Lenk, Thomas/Kuntze, Martina, Zur Notwendigkeit, zum aktuellen Stand und zu den Perspektiven der Schuldenbremse, in: Budäus, Dietrich/Hilgers, Dennis (Hrsg.), Reform des öffentlichen Haushalts- und Rechnungswesens zwischen Finanzkrise und Handlungsdruck, Berlin 2010, S. 31-52, S. 45.

[321] Vgl. Kirbach, Roland, Kurz vor Schluss, online abrufbar: http://www.zeit.de/2011/48/Kommunalfinanzen/seite-1 (Stand: 20.08.2012).

[322] Vgl. Prognos, Deutschland Report 2035, Basel 2010: Besonders Sachsen-Anhalt und Thüringen sollen in der Zukunft stark unter Bevölkerungsschwund zu kämpfen haben.

[323] Ekardt, Felix/Buscher, Daniel, Staatsschuldenrecht, Finanzkrise und Nachhaltigkeit. Eine kritische Analyse der neuen Schuldenbremse und ihres Bezugs zur Eurokrise, online abrufbar: http://www.sustainability-justice-climate.eu/files/texts/Staatsschulden_und_Eurokrise.pdf (Stand: 19.08.2012), S. 9.

pakt für alle zu hoch verschuldeten Staaten. Die Idee dazu kommt von Hamburgs regierendem Bürgermeister Olaf Scholz, der seine Idee im April 2012 so vorstellte:

> „Der Bund erhebt weiter den Soli, kassiert die Einnahmen daraus und finanziert damit die Zinslast auf die Länderschulden. Die Länder verpflichten sich im Gegenzug, ihre Schulden zu tilgen."[324]

Scholz will mit diesem Mittel den Altschulden der Länder beikommen, indem er im Gegenzug die Zinslast minimieren will. Gerade in grundsätzlich angeschlagenen Ländern wie zum Beispiel Brandenburg oder Berlin kommt die Idee gut an. Berlins Bürgermeister Klaus Wowereit vereinnahmte sie direkt als „Berliner Idee"[325]. Brandenburgs Ministerpräsident Platzeck hielt das Konzept für angemessen und betonte, dass aufgrund der aktuellen Belastungen von Europa und insbesondere Deutschland Steuersenkungen kein Thema sein sollten.[326] Gerade der Solidarzuschlag wird gerne als Gedankenspiel für Steuererleichterungen der Wähler genutzt, wenn keine anderen Spielräume bleiben.[327]

In klarer Opposition zu den Plänen von Scholz steht etwa Sachsens Ministerpräsident Stanislaw Tillich, der über solche Maßnahmen nicht einmal nachdenken möchte. Die Ausgaben gehörten reduziert, nicht die Vergemeinschaftung von Schulden diskutiert.[328] Klar dagegen positioniert sich auch die CSU in Bayern und erklärt:

> „Die SPD will den Soli zum Schulden-Soli machen. Das ist nichts als ein billiger Trick, um die Schuldenmacher zu verschonen und die Steuerzahler in soliden Ländern wie Bayern zu schröpfen."[329]

---

[324] Die Welt, Scholz will Soli-Zuschlag nach 2019, online abgerufen: http://www.welt.de/print/die_welt/politik/article106205879/Scholz-will-Soli-Zuschlag-nach-2019.html (Stand: 15.09.2012).

[325] N-TV, SPD will Soli über 2019 hinaus, online abrufbar: http://www.n-tv.de/politik/SPD-will-Soli-ueber-2019-hinaus-article6144681.html (Stand: 12.09.2012).

[326] Ebd.

[327] Dazu auch die Pläne Philipp Röslers zur Steuersenkung über eine Senkung der Soli-Abgabe im Herbst 2011: Focus Online, Steuererleichterungen über niedrigeren Soli?, online abrufbar: http://www.focus.de/politik/weitere-meldungen/cdu-steuererleichterungen-ueber-niedrigeren-soli_aid_679935.html (Stand: 12.09.2012); Stern, Soli-Senkung rückt immer weiter in den Fokus, online abrufbar: http://www.stern.de/politik/deutschland/spitzentreffen-der-koalition-soli-senkung-rueckt-immer-weiter-in-den-fokus-1746055.html (Stand: 12.09.2012).

[328] N-TV, SPD will Soli über 2019 hinaus, online abrufbar: http://www.n-tv.de/politik/SPD-will-Soli-ueber-2019-hinaus-article6144681.html (Stand: 12.09.2012).

[329] Pressemitteilung CSU, Soli bis 2019: Schulden nicht auf andere abwälzen, online abrufbar: http://www.csu.de/partei/aktuelles/114411237.htm (Stand: 12.09.2012).

Ähnlich kontrovers geht es im Punkt Länderfinanzausgleich zu: Hier hat sich Bayern im Juli zur Klage vor dem Bundesverfassungsgericht entschieden.[330]

Bereits seit Längerem streiten die Länder über eine Reform des Finanzausgleichs und haben sich als Frist für ein Ergebnis 2013 gesetzt. Ursächlich ist hierbei, dass mit dem Ausscheiden Nordrhein-Westfalens als Geberland mittlerweile nur noch Hessen, Bayern und Baden-Württemberg sowie der Stadtstaat Hamburg einzahlen. Bayern ist mit seinem Plan bisher allein. Selbst die anderen Geberländer haben dem Klageweg eine Absage erteilt. So erklärte das Finanzministerium Hessens über seinen Sprecher: „Wir sehen keinen Anlass, von dem Zeitplan abzuweichen, den die Ministerpräsidenten vereinbart haben."[331] Auch Nehmerländer wie etwa Sachsen-Anhalt äußerten sich kritisch.[332]

Der Ausgang ist, ähnlich wie bei der Debatte um den Solidarpakt II, offen. Bayern wird wohl bis zum Herbst 2012 eine Klageschrift einreichen, dann obliegt es den obersten Richtern in Karlsruhe, zu entscheiden.

Die Zerstrittenheit der Länder in diesen Fragen zeigt aber, wie sehr um die richtige Ein- und Ausgabenpolitik der nächsten Jahre gestritten wird. Fraglich bleibt – und darauf hat auch die Föderalismuskommission II keine Antwort gefunden – wie sich die Zukunft der Länder in Finanzfragen gestalten soll. Geht es zum Beispiel nach Thüringens Ministerin für Bundes- und Europaangelegenheiten Marion Walsmann, dann sollten die Länder nicht mehr Steuerautonomie erhalten, „sondern es muss darum gehen, eine nachvollziehbare Finanzverteilung zu organisieren."[333] Um dem nachzukommen, müsse das Steueraufkommen spätestens „ab 2020 im Interesse der Länder neu

---

[330] Frankfurter Allgemeine Zeitung, Bayern will klagen, online abrufbar: http://www.faz.net/aktuell/politik/inland/laenderfinanzausgleich-bayern-will-klagen-11822248.html (Stand: 12.09.2012).
[331] Ebd.
[332] Vgl. Haseloff, Rainer: „Bis 2019 bestehen klare Vereinbarungen und Rahmenbedingungen, so dass es hier keine Verhandlungsspielräume gibt.", in: Tagesschau.de, Bayern geht nach Karlsruhe – und keiner will mit, online abrufbar: http://www.tagesschau.de/inland/laenderfinanzausgleich150.html (Stand: 12.09.2012).
[333] Presseerklärung Thüringen, Ministerin Walsmann: Länderpolitik am „goldenen Zügel" des Bundes ist kein Zukunftsmodell – Neue Finanzverteilung ist nötig, online abrufbar: http://www.thueringen.de/de/homepage/presse/55780/ (Stand: 12.09.2012).

verteilt werden".[334] Das Wie wird dann wohl Frage einer dritten Föderalismuskommission sein.

---

[334] Ebd.

4 Schlussbetrachtung

Ist die Schuldenbremse sinnvoll? Oder wirkt sie lediglich als Placebo-Effekt für die Bevölkerung? Begrenzt sie den Verschuldungsstand wirksam oder lädt auch sie zu neuen Schulden ein? Leidet der Föderalismus unter ihr oder schreitet er positiv weiter voran? Oder hat die Schuldenbremse vielleicht gar nichts mit dem Föderalismus zu tun? – Diesen Fragen ist die die Untersuchung in diesem Buch gefolgt. Sie hat sich dabei mehrere Dinge zur Aufgabe gemacht: die Prüfung der Arbeit der Föderalismuskommission II anhand der vorliegenden Quellen aus der Kommission selbst und ihre Beurteilung durch die Sachverständigen in der Causa Schuldenbremse sowie die Prüfung der Auswirkungen einer grundgesetzlich verankerten Schuldenbremse auf die Bundesländer. Dabei war die Frage zu klären, ob der Bund den Ländern als eigenständige Entität im Staat überhaupt Vorgaben dieser Tiefe machen darf oder ob dadurch ein Eingriff in die Haushaltsautonomie der Länder gegeben ist. Das Zwischenfazit zur Schuldenbremse hat bereits deutlich gemacht: Die Beurteilung der Funktionalität der Schuldenbremse ist weder einfach noch abschließend.

Ähnlich verhält es sich mit der Frage des föderalen Eingriffs: Viele Sachverständige und Gutachter haben dargelegt, dass kein Eingriff vorliegen kann, da die Haushaltsautonomie der Länder grundsätzlich bereits durch das Bundesprinzip eingeschränkt ist. Auf der anderen Seite haben Autoren wie Schneider und Wieland darauf hingewiesen, dass ohne wirkliches Budgetrecht von Landesregierung und Landesparlament keine Rechtsstaatlichkeit im Sinne des Grundgesetzes vorliegen kann und damit ein Verfassungsbruch begangen worden ist. Politologen wie Sturm halten die Schuldenbremse gar für „science fiction"[335], die in der Debatte um den Föderalismus nichts verloren hat, weil sie als Fiskalelement nichts mit selbigem zu tun hat.[336]

Die einzige Institution, die diesen Umstand und manchen Vorwurf abschließend klären könnte – das Bundesverfassungsgericht – ist noch nicht abschließend befragt worden. Das angezeigte Urteil im Falle der Klage Schleswig-Holsteins kam gar nicht

---

[335] Sturm, Roland, Deutschlands föderale Ordnung nach den Föderalismusreformen I und II, Präsentation, online abrufbar:
http://www.foederalismus.at/contentit25/uploads/Deutschlands%20foederale%20Ordnung.pdf (Stand: 12.09.2012), Folie 19.
[336] Ebd.

erst zur Befassung mit der Schuldenbremse. Ohne höchstrichterlichen Entscheid wäre somit eine eindeutige Antwort auf die Frage mehr als vermessen.

So erschöpft sie sich darin, festzustellen: Die Mehrheit der befragten Sachverständigen scheint von einer Verfassungsmäßigkeit auszugehen. Aber heißt das automatisch, dass diese vorliegt? Man muss bedenken: Die Mehrheit der Politiker ist 40 Jahre lang trotz steigender Verschuldung dem Grundsatz "weiter so" gefolgt, obwohl Bedenken selbst vom Bundesverfassungsgericht geäußert wurden. Ehemalige Verfassungsrichter wie Jentsch und Klein halten die beschlossene Form der Schuldenbremse für verfassungswidrig, wenn es um die Frage nach der Autonomie der Länder geht. Die Bundesländer selbst haben für sich unter dem Druck des Bundes und sicher auch der Schuldenkrise in Europa entschieden: Es braucht Landes-Schuldenbremsen. Doch auch diese Bremsen folgen Regeln aus der Grundgesetz-Schuldenbremse. Und diese, so ist an anderer Stelle bereits erklärt worden, sind zumindest in Teilen so fragwürdig wie die grundgesetzliche Schuldenbremse.

Wie sinnvoll ist also die deutsche Schuldenbremse für Bund und Länder? Vor 2017 und 2021 wird darauf keine abschließende Antwort von der Forschung gefunden werden können. Denn es gibt keine abschließenden Ergebnisse, sondern lediglich Zwischenstände. Man möchte sich auf den Standpunkt der Historiker stellen und sagen: „Warten wir 30 Jahre, dann ist es Geschichte und erklärbar."

Die Politik muss aber schneller sein: Fragen zum Ende des Länderfinanzausgleichs oder des Solidarpakts sind schon jetzt voll entbrannt und mindestens in einer Föderalismuskommission III muss sich mit dem Thema der Einnahmen-Autonomie der Länder erneut beschäftigt werden. Auch andere offene Fragen aus der Föderalismuskommission II harren der endgültigen Klärung und können nicht erneut aufgeschoben werden. So muss etwa auch eine abschließende Antwort auf die Frage nach der Neugliederung der Länder gefunden werden. Die Politik wird somit weiterhin nicht umhin kommen, – um „dicke Bretter" bohren zu müssen, ob sie will oder nicht. Ob dabei immer die Richtigen Maßnahmen getroffen werden, muss die Zukunft zeigen. Es bleibt zu hoffen, dass die deutsche Politik die richtigen Entscheidungen trifft.

Denn was im Kleinen (deutsche Schuldenbremse) scheitern könnte, kann auch im Großen (Fiskalpakt) zum Problem werden. Entscheidend ist, ob sich die heutige Politik ihrer Verantwortung für die zukünftigen Generationen wirklich stellt oder es bei der Politik des Aufschiebens für die kommende Generation bleibt. Zu wünschen wäre es dem jetzigen und künftigen Wähler nicht.

5 Quellen und Literaturverzeichnis

5.1 Primärquellen

Artikel 28 Grundgesetz.

Artikel 68 Bundesverfassungsgerichtsgesetz (BVerfGG).

Artikel 109 Grundgesetz.

Artikel 109 a, Gesetz zur Einrichtung eines Stabilitätsrats und zur Vermeidung von Haushaltsnotlagen (StabiRatG).

Artikel 115 Grundgesetz in der Fassung von 24. Mai 1949 - 13. Mai 1969, zitiert nach: lexetius.com, Grundgesetz für die Bundesrepublik Deutschland vom 23. Mai 1949. X. Das Finanzwesen Artikel 115, online abrufbar: http://lexetius.com/GG/115#2 (Stand: 12.08.2012).

Bankenverband deutscher Banken, Föderalismusreform – Fünf Reformbausteine für die zweite Stufe, in: Kommission von Bundestag und Bundesrat zur Modernisierung der Bund-Länder-Finanzbeziehungen, K-Drs. 120.

Bericht der AG Haushaltsanalyse, in: Kommission von Bundestag und Bundesrat zur Modernisierung der Bund-Länder-Finanzbeziehungen, K-Drs. 102.

Beschlüsse der Kommission von Bundestag und Bundesrat zur Modernisierung der Bund-Länder-Finanzbeziehungen, in: Kommission von Bundestag und Bundesrat zur Modernisierung der Bund-Länder-Finanzbeziehungen, K-Drs. 174.

BGBl I 2006/41, S. 2034-2038.

Bräuninger, Michael, in: Transkript tagesschau-Chat, online abrufbar: http://www.tagesschau.de/interaktiv/chat/chatprotokoll466.html (10.07.2012).

BR-Drs. 262/09.

BR-Drs. 913/06.

BVerfG, 2BvF 1/04, 09.07.2007, online abrufbar: http://www.bverfg.de/entscheidungen/fs20070709_2bvf000104.html (Stand: 12.09.2012).

BT-Drs. 16/3885. Kommission von Bundestag und Bundesrat zur Modernisierung der Bund-Länder-Finanzbeziehungen, Kommissionsprotokoll. Stenografischer Bericht. 5. Sitzung, Berlin 13. September 2007.

Bundestag/Bundesrat, Gemeinsame Sitzung des Rechtsausschusses des Deutschen Bundestages (138. Sitzung) und des Finanzausschusses des Bundesrates, Berlin 2009.

Bundesrat/Bundestag, Tagesordnungen, Arbeitsunterlagen, Kommissionsdrucksachen und Protokolle der Föderalismuskommission II, online abrufbar: http://webarchiv.bundestag.de/cgi/show.php?fileToLoad=1374&id=1136 (Stand: 12.09.2012).

Bundesrat, Stenografischer Bericht, 859. Sitzung, Berlin 12.09.2009.

Burgbacher, Ernst/Wissing, Volker, FDP-Arbeitsgemeinschaft zur Föderalismusreform II, in: Kommission von Bundestag und Bundesrat zur Modernisierung der Bund-Länder-Finanzbeziehungen, K-Drs. 116.

Burgbacher, Ernst/Wissing, Volker, Unehrliche Kompromisse bei der Schuldenbremse trägt die FDP nicht mit, online abrufbar: http://www.pressrelations.de/new/standard/result_main.cfm?pfach=1&n_firmanr_=111473&sektor=pm&detail=1&r=369279&sid=&aktion=jour_pm&quelle=0 (Stand: 20.08.2012).

BVerfG, 2 BvG 1/10, 19.8.2011, online abrufbar: http://www.bundesverfassungsgericht.de/entscheidungen/gs20110819_2bvg000110.html (Stand: 17.07.2012).

BVerfGE 79, 311.

BVerfGE 119, 96.

Deutsche Presse Agentur, SPD-Linke gegen Schuldenbremse, online abrufbar: http://www.fr-online.de/politik/medien-spd-linke-gegen-schuldenbremse,1472596,3424908.html (Stand: 06.09.2012).

Deutscher Wirtschaftsrat (2008), Wirtschaftspuls, zitiert nach: de.statistia.com, online abrufbar: http://de.statista.com/statistik/printstat/3031/ (Stand: 02.09.2012).

Der Spiegel, Gefährliches Geld, Bd. 37 (1967), S. 26.

Die Welt, Scholz will Soli-Zuschlag nach 2019, online abgerufen: http://www.welt.de/print/die_welt/politik/article106205879/Scholz-will-Soli-Zuschlag-nach-2019.html (Stand: 15.09.2012).

Dürr, Christian, Schuldenbremse ist eine Frage der Haltung – SPD entscheidet sich für Total-Verweigerung, online abrufbar: http://www.christian-duerr.de/news/1300-christian-duerr-schuldenbremse-ist-eine-frage-der-haltung--spd-entscheidet-sich-fuer-total-verweigerung (Stand: 20.08.2012).

Erklärung der Vertreter der Landtage, in: Kommission von Bundestag und Bundesrat zur Modernisierung der Bund-Länder-Finanzbeziehungen, K-Drs. 160.

FDP-Bundestagsfraktion, Positionspapier. Ausstieg aus dem Schuldenstaat – Einstieg in mehr Generationengerechtigkeit, in: Kommission von Bundestag und Bundesrat zur Modernisierung der Bund-Länder-Finanzbeziehungen K-Drs. 094.

Financial Times Deutschland, Nahles kritisiert Einigung, online abrufbar: http://www.ftd.de/politik/deutschland/:schuldenbremse-nahles-kritisiert-einigung/471215.html (Stand: 20.08.2012).

Focus Online, Steuererleichterungen über niedrigeren Soli?, online abgerufen: : http://www.focus.de/politik/weitere-meldungen/cdu-steuererleichterungen-ueber-niedrigeren-soli_aid_679935.html (Stand: 12.09.2012).

Fragenkatalog für die öffentliche Anhörung zu den Finanzthemen am Freitag, dem 22. Juni 2007, in: Kommission von Bundestag und Bundesrat zur Modernisierung der Bund-Länder-Finanzbeziehungen, K-Drs. 011.

Frankfurter Allgemeine Zeitung, Bayern will klagen, online abgerufen: http://www.faz.net/aktuell/politik/inland/laenderfinanzausgleich-bayern-will-klagen-11822248.html (Stand: 12.09.2012).

Frankfurter Allgemeine Zeitung, Lammert: Schuldenbremse verunstaltet Grundgesetz, online abrufbar: http://www.faz.net/aktuell/politik/inland/foederalismusreform-lammert-schuldenbremse-verunstaltet-grundgesetz-1785526.html (Stand: 01.07.2012).

Frankfurter Allgemeine Zeitung, Präzision vor Schönheit, online abrufbar: http://www.faz.net/aktuell/politik/inland/schuldenbremse-praezision-vor-schoenheit-1798719.html(Stand: 20.08.2012).

Frankfurter Allgemeine Zeitung, Starke Zweifel an geplanter Schuldenbremse, online abrufbar: http://www.faz.net/aktuell/politik/inland/verfassungsrechtler-starke-zweifel-an-geplanter-schuldenbremse-1769054.html (Stand: 20.08.2012).

Frankfurter Allgemeine Zeitung, 70 Prozent für die Schuldenbremse, online abrufbar: http://www.faz.net/aktuell/rhein-main/hessen/volksabstimmung-70-prozent-fuer-die-schuldenbremse-1604652.html (Stand: 20.08.2012).

Gathmann, Florian, Seehofer preist „Wetterwende" in der Finanzpolitik, online abrufbar: http://www.spiegel.de/politik/deutschland/einigung-zur-schuldenbremse-seehofer-preist-wetterwende-in-der-finanzpolitik-a-605954.html (Stand: 29.08.2012).

Gesetz über den Finanzausgleich zwischen Bund und Ländern (FAG).

Gesetz über die Grundsätze des Haushaltsrechts des Bundes und der Länder (HGrG).

Gesetz zur Ausführung von Artikel 115 (G 115).

Gesetz zur Gewährung von Konsolidierungshilfen (KonsHilfG).

Hamburger Abendblatt, CDU nennt Schuldenbremse 2020 ‚reine Schau', online abrufbar: http://www.abendblatt.de/hamburg/kommunales/article2266859/CDU-nennt-Schuldenbremse-2020-reine-Show.html (Stand: 20.08.2012).

Hauptausschuss Abgeordnetenhaus Berlin, Geplantes Kreditfinanzierungsverbot für die Landeshaushalte im Grundgesetz (Schuldenbremse), Wortprotokoll, Haupt 16/58.

Kirbach, Roland, Kurz vor Schluss, online abrufbar: http://www.zeit.de/2011/48/Kommunalfinanzen/seite-1 (Stand: 20.08.2012).

Kißler, Andreas, Bund will schon 2014 Schuldenbremse einhalten, online abgerufen: , http://nachrichten.finanztreff.de/news_news.htn?id=8142800&offset=30&sektion=wirtschaftpolitik (Stand: 12.09.2012).

Koalitionsvertrag von CDU und FDP, Koalition des Aufbruchs, Flensburg 2009, S. 3.

Koalitionsvertrag von CDU, CSU und SPD, Gemeinsam für Deutschland. Mit Mut und Menschlichkeit, Rheinbach 2005.

Kommission von Bundestag und Bundesrat zur Modernisierung der Bund-Länder-Finanzbeziehungen, Kommissionsprotokoll. Stenografischer Bericht. 1. Sitzung, Berlin 8. März 2007.

Kommission von Bundestag und Bundesrat zur Modernisierung der Bund-Länder-Finanzbeziehungen, Kommissionsprotokoll. Stenografischer Bericht. 4. Sitzung, Berlin 22. Juni 2007.

Kommission von Bundestag und Bundesrat zur Modernisierung der Bund-Länder-Finanzbeziehungen, Kommissionsprotokoll. Stenografischer Bericht. 9. Sitzung, Berlin 6. Dezember 2007.

Kommission von Bundestag und Bundesrat zur Modernisierung der Bund-Länder-Finanzbeziehungen, Kommissionsprotokoll. Stenografischer Bericht. 17. Sitzung, Berlin 5. Februar 2009.

Kommission von Bundestag und Bundesrat zur Modernisierung der Bund-Länder-Finanzbeziehungen, Kommissionsprotokoll. Stenografischer Bericht. 18. Sitzung, Berlin 12. Februar 2009.

Kommission von Bundestag und Bundesrat zur Modernisierung der Bund-Länder-Finanzbeziehungen, Kommissionsprotokoll. Stenografischer Bericht. 19. Sitzung, Berlin 5. März 2009.

Kröter, Thomas, Lammert will schlankes Gesetz, online abrufbar: http://www.fr-online.de/politik/textaenderung-lammert-will-schlankes-gesetz,1472596,3394306.html (Stand: 20.08.2012).

Kühni, Olivia, Eine Fessel für den Staatshaushalt, online abrufbar: http://www.zeit.de/2011/50/A-Schuldenbremse (Stand: 12.09.2012).

Landtag Schleswig-Holstein, Stenografischer Bericht, 122. Sitzung, 16.09.2009.

Landtag Schleswig-Holstein, Drs. 16/2844.

MDR, Schuldenbremse in der Verfassung abgelehnt, online abrufbar: http://www.mdr.de/thueringen/landtag-thueringen102.html (Stand: 20.08.2012).

N-TV, SPD will Soli über 2019 hinaus, online abgerufen: http://www.n-tv.de/politik/SPD-will-Soli-ueber-2019-hinaus-article6144681.html (Stand: 12.09.2012).

OECD, OECD-Wirtschaftsberichte, Deutschland 2010.

Offener Brief der Vertreter der Landtage in der Föderalismuskommission II, in: Kommission von Bundestag und Bundesrat zur Modernisierung der Bund-Länder-Finanzbeziehungen, K-Drs. 100.

Piratenpartei, Umfrage zur Einführung einer Schuldenbremse in Hessen unter den eigenen Mitgliedern, online abrufbar: https://vote.piratenpartei-hessen.de/auswertung.php?id=45064 (Stand: 12.09.2012).

Plenarprotokoll des Deutschen Bundestags, 16/215.

Plenarprotokoll des Deutschen Bundestags, 16/225.

Pressemitteilung CSU, Soli bis 2019: Schulden nicht auf andere abwälzen, online abgerufen: http://www.csu.de/partei/aktuelles/114411237.htm (Stand: 12.09.2012).

Pressemitteilung, DGB, Matecki: Schwarzer Tag für die Handlungsfähigkeit des Staates, online abrufbar: http://www.dgb.de/presse/++co++07d6325c-1561-11df-4ca9-00093d10fae2 (Stand: 06.09.2012).

Pressemitteilung DIE LINKE, Linksfraktion verklagt Senat - Muss Bremen wegen der 'Schuldenbremse' bis zu 40 Prozent aller öffentlichen Angestellten entlassen?, online abrufbar: http://www.linksfraktion-bremen.de/nc/themen/haushalt_und_finanzen/detail/browse/10/zurueck/haushalt-und-finanzen/artikel/linksfraktion-verklagt-senat-muss-bremen-wegen-der-schuldenbremse-bis-zu-40-prozent-aller-oeffen-1/ (Stand: 20.08.2012).

Pressemitteilung DIW, Schuldenbremse: Regierung müsste nach DIW-Berechnungen bis zu 13 Milliarden Euro zusätzlich sparen, online abrufbar: http://www.diw.de/sixcms/detail.php?id=diw_01.c.377659.de (Stand: 01.08.2012).

Pressemitteilung Hans-Böckler-Stiftung, Schweizer Schuldenbremse birgt Risiken, online abrufbar: http://www.boeckler.de/38756_38763.htm (Stand: 10.09.2012).

Pressemitteilung, OTS, Schuldenbremse im Grundgesetz unter Ökonomen umstritten, online abrufbar:http://www.wiwi-treff.de/home/index.php?mainkatid=1&ukatid=1&sid=9&artikelid=5404&pagenr=0 (Stand: 02.09.2012).

Pressemitteilung Thüringen, Ministerin Walsmann: Länderpolitik am „goldenen Zügel" des Bundes ist kein Zukunftsmodell – Neue Finanzverteilung ist nötig, online abgerufen: http://www.thueringen.de/de/homepage/presse/55780/ (Stand: 12.09.2012).

Prognos, Deutschland Report 2035, Basel 2010.

RPO, Italienischer Senat: Abschließend für die Schuldenbremse gestimmt, online abrufbar: http://www.rp-online.de/politik/eu/abschliessend-fuer-schuldenbremse-gestimmt-1.2796308 (Stand: 17.07.2012).

Schneider, Hans-Peter, Selbstmord der Kostgänger, in: Müller, Reinhard (Hrsg.), Staat und Recht. 100 Beiträge aus der F.A.Z.-Rubrik ‚Staat und Recht', Kösel 2011, S. 198-201.

Schweizer Botschaft in Deutschland, Die Schuldenbremse in der Schweiz, online abrufbar: http://www.partnerimdialog.de/tl_files/Veranstaltungen/Schuldenbremse%2019.01.2012%20Wiesbaden/INT_Schuldenbremse%20Schweiz.pdf (Stand: 01.09.2012).

Schweizerische Eidgenossenschaft, Bundesgesetz über den eidgenössischen Finanzhaushalt, online abrufbar: http://www.admin.ch/ch/d/sr/611_0/index.html (Stand: 12.09.2012).

Schweizer Fernsehen, Rückblick: Volk sagt Ja zur Schuldenbremse, online abrufbar: http://www.sendungen.sf.tv/eco/Nachrichten/Archiv/2011/02/14/Hintergrund/Rueckblick-Volk-sagt-Ja-zur-Schuldenbremse (Stand: 01.09.2012).

Spiegel Online, Bundesrat beschließt Schuldenbremse, online abrufbar: http://www.spiegel.de/politik/deutschland/grundgesetzaenderung-bundesrat-beschliesst-schuldenbremse-a-630084.html (Stand: 06.09.2012).

St 1/09, online abrufbar: http://www.staatsgerichtshof.bremen.de/sixcms/media.php/13/St1.09-URTEIL-Endf-anonym.pdf (Stand: 17.08.2012).

Staatskanzlei des Saarlandes, Wege der Haushaltsnotlage – Das Optionsmodell als Beitrag zur Reform der föderalen Finanzbeziehungen (Föderalismusreform II), in: Kommission von

Bundestag und Bundesrat zur Modernisierung der Bund-Länder-Finanzbeziehungen, K-Drs. 025.

Stern, Soli-Senkung rückt immer weiter in den Fokus, online abgerufen: http://www.stern.de/politik/deutschland/spitzentreffen-der-koalition-soli-senkung-ruecktimmer-weiter-in-den-fokus-1746055.html (Stand: 12.09.2012).

Tagesschau.de, Bayern geht nach Karlsruhe – und keiner will mit, online abgerufen:http://www.tagesschau.de/inland/laenderfinanzausgleich150.html (Stand: 12.09.2012).

Topnews.de, Kieler Landtagspräsident: Klage gegen Schuldenbremse bleibt bestehen, online abrufbarhttp://www.topnews.de/kieler-landtagspraesident-klage-gegen-schuldenbremse-bleibt-bestehen-356070 (Stand: 20.08.2012).

Vorschläge zur Neuregelung des Artikels 29 GG, in: Kommission von Bundestag und Bundesrat zur Modernisierung der Bund-Länder-Finanzbeziehungen, K-Drs. 119.

5.2 Sekundärliteratur

Arbeitsgruppe Alternative Wirtschaftspolitik, Finanzpolitik unter dem Diktat der „Schuldenbremse", in: Memorandum 2011. Strategien gegen Schuldenbremse, Exportwahn und Eurochaos, Köln 2011, S. 131-152.

Bach, Stefan, Schuldenbremse: In guten Zeiten auch wirklich drauftreten, in: DIW Wochenbericht 8 (2009), S. 136.

Bannas, Günter, „Echter Durchbruch" oder „finanzpolitischer Irrsinn" – „Trauerspiel" oder „Sternstunde?", online abrufbar: http://www.faz.net/aktuell/politik/inland/reaktionen-auf-schuldenbremse-echter-durchbruch-oder-finanzpolitischer-irrsinn-trauerspiel-oder-sternstunde-1773140.html (Stand: 10.09.2012).

Bannas, Günter, Eine Brücke für die SPD Linke, online abrufbar: http://www.faz.net/aktuell/politik/inland/schuldenbremse-eine-bruecke-fuer-die-spd-linke-1798663.html (Stand: 20.08.2012).

Blum, Ulrich, Droht eine Horror-Inflation?, online abrufbar: http://www.focus.de/finanzen/boerse/finanzkrise/tid-14598/staatsverschuldung-droht-eine-horror-inflation_aid_408749.html (Stand: 01.07.2012).

Bofinger, Peter, Eine andere Meinung: Zur Notwendigkeit einer Schuldenschranke für die deutsche Finanzpolitik, in: Statistisches Bundesamt, Staatsverschuldung wirksam begrenzen. Expertise im Auftrag des Bundesministers für Wirtschaft und Technologie, Wiesbaden 2007, S.157-172.

Bofinger, Peter/Horn, Gustav, Die Schuldenbremse gefährdet die gesamtwirtschaftliche Stabilität und die Zukunft unserer Kinder, online abrufbar: http://www.boeckler.de/pdf/imk_appell_schuldenbremse.pdf (Stand: 20.08.2012).

Buscher, Daniel, Der Bundesstaat in Zeiten der Finanzkrise. Ein Beitrag zur Reform der deutschen Finanz- und Haushaltsordnung (Föderalismusreform) (Schriften zum Öffentlichen Recht), Berlin 2010.

Callesen, Per, The New Constitutional Budget Rule in Germany – A Comment, in: Kastrop, Christian/Meister-Scheufelen, Gisela/Sudhof, Margaretha (Hrsg.), Die neuen Schuldenregeln im Grundgesetz. Zur Fortentwicklung der bundesstaatlichen Finanzbeziehung (Schriften zur öffentlichen Verwaltung und öffentlichen Wirtschaft), Berlin 2010, S. 46-49.

Denia, Wolfgang, Schuldenbremse: Nahles und Co. von Lammert (CDU) links überholt, online abrufbar: http://www.ag-sozialdemokraten.de/content/schuldenbremse-nahles-und-co-von-lammert-cdu-links-ueberholt (Stand: 20.08.2012).

Dönnebrink, Elmar/Erhardt, Martin/Häppner, Florian/Sudhof, Margaretha, Entstehungsgeschichte und Entwicklung des BMF-Konzepts, in: Kastrop, Christian/Meister-Scheufelen, Gisela/Sudhof, Margaretha (Hrsg.), Die neuen Schuldenregeln im Grundgesetz. Zur Fortentwicklung der bundesstaatlichen Finanzbeziehung (Schriften zur öffentlichen Verwaltung und öffentlichen Wirtschaft), Berlin 2010, S. 22-46.

Ekardt, Felix/Buscher, Daniel, Staatsschuldenrecht, Finanzkrise und Nachhaltigkeit. Eine kritische Analyse der neuen Schuldenbremse und ihres Bezugs zur Eurokrise, online abrufbar: http://www.sustainability-justice-climate.eu/files/texts/Staatsschulden_und_Eurokrise.pdf (Stand: 19.08.2012).

Enderlein, Hendrik/Fiedler, Jobst/Schuppert, Folke u.a., Gutachten zur Umsetzung der grundgesetzlichen Schuldenbremse in Baden-Württemberg, online abrufbar: http://www.hertie-school.org/fileadmin/images/Downloads/gutachten_schuldbremse/enderlein-study-schuldenbremse-NEU-RZ-Ansicht.pdf (Stand: 15.08.2012).

Feld, Lars, Die Schuldenbremse ist ein wunderbares Instrument, in: Kastrop, Christian/Meister-Scheufelen, Gisela/Sudhof, Margaretha (Hrsg.), Die neuen Schuldenregeln im Grundgesetz. Zur Fortentwicklung der bundesstaatlichen Finanzbeziehung (Schriften zur öffentlichen Verwaltung und öffentlichen Wirtschaft), Berlin 2010, S. 168-171.

Feld, Lars, Finanzautonomie und Transfersysteme im internationalen Vergleich: Das Beispiel Schweiz, in: Baus, Ralf Thomas/Fischer, Thomer/Hrbek, Rudolf (Hrsg.), Föderalismusreform II: Weichenstellungen für eine Neuordnung der Finanzbeziehungen im deutschen Bundesstaat (Ergebnisse einer gemeinsamen Konferenz der Konrad-Adenauer-Stiftung, der Bertelsmann Stiftung und des Europäischen Zentrums für Föderalismus-Forschung Tübingen), S. 177-197.

Fuest, Clemens, Die Schuldenschranke löst nicht alle Probleme, führt aber zu einer besseren Finanzpolitik, in: Kastrop, Christian/Meister-Scheufelen, Gisela/Sudhof, Margaretha (Hrsg.), Die neuen Schuldenregeln im Grundgesetz. Zur Fortentwicklung der bundesstaatlichen Finanzbeziehung (Schriften zur öffentlichen Verwaltung und öffentlichen Wirtschaft), Berlin 2010, S. 46-49.

Gross, Rolf, Finanzreform und föderalistischer Staatsaufbau, in: Gewerkschaftliche Monatshefte Bd. 10 (1967), S. 599-602.

Habenicht, Marc, Das Auf und Ab der Wirtschaft. Die Konjunktur und verschiedene Konjunkturzyklen, Norderstedt 2004.

Hartwig, Jochen/Kobel Rohr, Rita, Wäre die schweizerische ‚Schuldenbremse' ein geeignetes Instrument zur Disziplinierung der Fiskalpolitik in der EU?, in: Vierteljahreshefte zur Wirtschaftsforschung, Bd. 73 (2004), S. 481-490.

Hishow, Ognian N., Schuldenbremsen in der EU. Das ultimative Instrument der Budgetpolitik? Bremsmechanismus, Bremskraft und Bremsleistung, Stiftung Wissenschaft und Politik, Berlin 2012.

Horn, Gustav A./Truger, Achim/Proaño, Christian, Stellungnahme zum Entwurf eines Begleitgesetzes zur zweiten Föderalismusreform BT Drucksache 16/12400 Und Entwurf eines Gesetzes zur Änderung des Grundgesetzes BT Drucksache 16/12410, online abrufbar: http://www.boeckler.de/pdf/pb_imk_05_2009.pdf (Stand: 12.08.2012).

Isensee, Josef, Budgetrecht des Parlaments zwischen Schein und Sein, in: Juristenzeitung Bd. 20 (2005), S. 971-981.

Klein, Hans Hugo, Ein erbärmliches Zeugnis, online abrufbar:: http://www.faz.net/aktuell/politik/staat-und-recht/aus-der-wissenschaft-ein-erbaermliches-zeugnis-1802324.html (Stand: 20.08.2012).

Kopits, George, Views on Germany's Fiscal Policy Rules, in: Kastrop, Christian/Meister-Scheufelen, Gisela/Sudhof, Margaretha (Hrsg.), Die neuen Schuldenregeln im Grundgesetz. Zur Fortentwicklung der bundesstaatlichen Finanzbeziehung (Schriften zur öffentlichen Verwaltung und öffentlichen Wirtschaft), Berlin 2010, S. 121-123.

Korioth, Stefan, Stellungnahme zum Entwurf eines Vierten Gesetzes zur Änderung der Verfassung des Landes Mecklenburg Vorpommern, online abrufbar: http://www.landtag-mv.de/fileadmin/media/Dokumente/Ausschuesse/Europa-_und_Rechtsausschuss/Stellungnahmen_Schuldenbremse/Stellungn_Korioth-Uni-M%C3%BCnchen.pdf (Stand: 12.07.2012).

Korioth, Stefan, Der Finanzausgleich zwischen Bund und Ländern, Tübingen 1997.

Kretschmann, Winfried, Überlegungen von Winfried Kretschmann, Fraktionsvorsitzender der GRÜNEN im Landtag von Baden-Württemberg, in: Kommission von Bundestag und Bundesrat zur Modernisierung der Bund-Länder-Finanzbeziehungen, , K-Drs. 036.

Lappin, Roland, Kreditäre Finanzierung des Staats unter dem Grundgesetz: Ein Plädoyer gegen den Kreditstaat (Schriften zum Öffentlichen Recht), Berlin 1994.

Lenk, Thomas/Kuntze, Martina, Zur Notwendigkeit, zum aktuellen Stand und zu den Perspektiven der Schuldenbremse, in: Budäus, Dietrich/Hilgers, Dennis (Hrsg.), Reform des öffentlichen Haushalts- und Rechnungswesens zwischen Finanzkrise und Handlungsdruck, Berlin 2010, S. 31-52.

Lenz, Christopher/Burgbacher, Ernst Die neuen Schuldenbremsen im Grundgesetz, in: NJW 35 (2009), S. 2561-2567.

De Maizière, Thomas, Den Teufelskreis durchbrechen, in: Müller, Reinhard (Hrsg.), Staat und Recht. 100 Beiträge aus der F.A.Z.-Rubrik ,Staat und Recht', Kösel 2011, S. 191-193.

Müller, Christian, Anmerkungen zur Schuldenbremse, in: Vierteljahreshefte zur Wirtschaftsforschung, Bd. 73 (2004), S. 491-501.

Müller, Christian/Hartwig, Jochen/Frick, Andreas, Eine Schuldenbremse für den deutschen Bundeshaushalt. Ein Vorschlag zur Reform der Haushaltsgesetzgebung, in: Kommission von Bundestag und Bundesrat zur Modernisierung der Bund-Länder-Finanzbeziehungen, Kommissionsdrucksache 038.

Pauly, Christoph/Seith, Anne, Schrott in den Bilanzen, Der Spiegel 11 (2011), S. 76-77.

Ratzmann, Volker, Eine verhalten positive Einschätzung zu den Erfolgsaussichten der zweiten Stufe der Föderalismusreform, in: Baus, Ralf Thomas/Eppler, Annegret/Wintermann, Ole (Hrsg.), Zur Reform der föderalen Finanzverfassung in Deutschland. Perspektiven für die

Föderalismusreform II im Spiegel internationaler Erfahrungen (Schriftenreihe des Europäischen Zentrums für Föderalismus-Forschung), Baden-Baden 2008, S. 216-222.

Reiermann, Christian, Goldener Zügel, in: Der Spiegel, Jg. 7 (2009), S. 80.

Rheinisch-Westfälisches Institut für Wirtschaftsforschung, Aufnahme einer Schuldenbremse in Verantwortung für kommende Generationen – Gesetz zur Schuldenbremse. Gesetzentwurf der Landesregierung Hessen Drucksache 18/2732. Stellungnahme zur Anhörung des Hessischen Landtags am 3. November 2010, Essen 2010, S. 1-9.

Schemmel, Lothar, Grenzen der Staatsverschuldung in den Bundesländern, Berlin 2011.

Schneider, Hans-Peter, Die Haushaltswirtschaft der Länder – Verfassungsrechtliche Grenzen einer „Schuldenbremse", online abrufbar:
http://www.nachdenkseiten.de/upload/pdf/0905060_hans_peter_schneider_schuldenbremse.pdf (Stand 10.09.2012).

Schneider, Hans-Peter, Schuldenregelungen des Bundes für die Haushaltswirtschaft der Länder – Verfassungsrechtliche Möglichkeiten und Grenzen, in: Kommission von Bundestag und Bundesrat zur Modernisierung der Bund-Länder-Finanzbeziehungen, K-Drs. 134.

Snower, Dennis J, Eingebaute Schuldenbremse, online abrufbar: http://www.welt.de/5386956 (Stand: 01.08.2012).

Statistisches Bundesamt, Staatsverschuldung wirksam begrenzen. Expertise im Auftrag des Bundesministers für Wirtschaft und Technologie, Wiesbaden 2007.

Steinbrück, Peer, Notwendigkeit und Inhalt einer neuen Schuldenregelung im Grundgesetz, in: Kommission von Bundestag und Bundesrat zur Modernisierung der Bund-Länder-Finanzbeziehungen, K-Drs. 096.

Straubhaar, Thomas, Von zweifelhafter Glaubwürdigkeit, in: Rheinischer Merkur 7 (2009), S. 11.

Sturm, Roland, Verfassungsrechtliche Schuldengrenzen im Föderalismus, in: Hrbek, Rudolf/Bußjäger Peter (Hrsg.), Finanzkrise, Staatsschulden und Föderalismus – Wege der Krisenbewältigung (Occasional Papers), Tübingen 2011, S. 55-69.

Sturm, Roland, Deutschlands föderale Ordnung nach den Föderalismusreformen I und II, Präsentation, online abrufbar:
http://www.foederalismus.at/contentit25/uploads/Deutschlands%20foederale%20Ordnung.pdf (Stand: 12.09.2012).

Thye, Marius, Die neue ‚Schuldenbremse' im Grundgesetz: Zur neuen Gestalt der Finanzverfassung nach der Föderalismusreform II. (Hallesche Schriften zum Öffentlichen Recht), Bd. 15 (2010).

Truger, Achim/Will, Henner, Gestaltungsanfällig und pro-zyklisch. Die deutsche Schuldenbremse in der Detailanalyse, online abrufbar:
http://www.boeckler.de/pdf/p_imk_wp_88_20121.pdf (Stand: 12.08.2012).

Truger, Achim/Will, Henner, Eine Finanzpolitik im Interesse der nächsten Generationen. Schuldenbremse weiterentwickeln: Konjunkturpolitische Handlungsfähigkeit und öffentliche Investitionen stärken, online abrufbar: http://www.boeckler.de/pdf/p_imk_study_24_2012.pdf (Stand: 10.09.2012).

von Weizsäcker, Robert K., Repräsentative Demokratien und öffentliche Verschuldung: Ein strategisches Verhängnis, in: Baus, Ralf Thomas/Eppler, Annegret/Wintermann, Ole (Hrsg.), Zur Reform der föderalen Finanzverfassung in Deutschland. Perspektiven für die Föderalismusreform II im Spiegel internationaler Erfahrungen (Schriftenreihe des Europäischen Zentrums für Föderalismus-Forschung), Baden-Baden 2008, S. 87-97.

Wieland, Joachim, Staatsverschuldung: Sind Stabilitätspakt und Schuldenbremse nur noch Makulatur?, in: von Arnim, Hans Herbert, Systemmängel in Demokratie und Marktwirtschaft. Beiträge auf der 12. Speyerer Demokratietagung vom 28. bis 29. Oktober 2010 an der Deutschen Hochschule für Verwaltungswissenschaften Speyer, S. 9-18.

6 Abkürzungsverzeichnis

Abkürzung	Bezeichnung
a.a.O.	am angegebenen Ort
AG	Arbeitsgruppe
Art.	Artikel
Bd.	Band
BGBl	Bundesgesetzblatt
BIP	Bruttoinlandsprodukt
BMF	Bundesministerium für Finanzen
BRD	Bundesrepublik Deutschland
BR-Drs.	Bundesrats-Drucksache
BT-Drs.	Bundestags-Drucksache
BÜNDNIS 90/DIE GRÜNEN	Partei BÜNDNIS 90/DIE GRÜNEN
BVerfG	Bundesverfassungsgericht
BVerfGE	Bundesverfassungsgerichtsentscheidung
BVerfGG	Bundesverfassungsgerichtsgesetz
BvF	Normenkontrolle auf Antrag von Verfassungsorganen
BvG	Bundesverfassungsgericht
bzw.	beziehungsweise
CDU	Christlich Demokratische Union Deutschlands
CSU	Christlich-Soziale Union in Bayern e.V.
DGB	Deutscher Gewerkschaftsbund
DIE LINKE	Partei DIE LINKE.
DIW	Deutsches Institut für Wirtschaftsforschung
Ebd.	Ebenda
EFSF	European Financial Stability Facility
ESM	Europäischer Stabilitätsmechanismus
EU	Europäische Union
F.A.Z.	Frankfurter Allgemeine Zeitung
FAG	Gesetz über den Finanzausgleich zwischen Bund und Ländern
FDP	Freie Demokratische Partei
Fiskalpakt	Europäische Fiskalunion
Föderalismuskommission II	Kommission von Bundestag und Bundesrat zur Modernisierung der Bund-Länder-Finanzbeziehungen
G	Gesetz
GAL	Grün-Alternative-Liste
GG	Grundgesetz
HGrG	Gesetz über die Grundsätze des Haushaltsrechts des Bundes und der Länder
Hrsg.	Herausgeber
HWWI	Hamburgisches Weltwirtschaftsinstitut
Ifo	Information und Forschung, in: ifo-Institut für Wirtschaftsforschung
IMK	Institut für Makroökonomie und Konjunkturforschung

IT	Informationstechnologie
K-Drs.	Kommissions-Drucksache
KonsHilfG	Gesetz zur Gewährung von Konsolidierungshilfen
Maastricht-Kriterien	Stabilitäts- und Wachstumspakt der Europäischen Union
MDR	Mitteldeutscher Rundfunk
NJW	Neue Juristische Wochenschrift
NPD	Nationaldemokratische Partei Deutschlands
N-TV	Nachrichtensender n-tv
OECD	Organisation for Economic Co-operation and Development
OTS	Original Text Service
PIRATEN	Piratenpartei Deutschland
RPO	Rheinische Post Online
RWI	Rheinisch-Westfälisches Institut für Wirtschaftsforschung
s. S.	siehe Seite
SPD	Sozialdemokratische Partei Deutschlands
SSW	Südschleswigscher Wählerverband
St	Staatsgerichtshof
StabiRatG	Gesetz zur Einrichtung eines Stabilitätsrats und zur Vermeidung von Haushaltsnotlagen
SVR	Sachverständigenrat
u.a.	unter anderem
VfS	Vereins für Socialpolitik
Vgl.	Vergleiche

7 Anhang

7.1 Anhang 1 – Mitglieder der Föderalismuskommission II

Endsandte Mitglieder des Bundestags	
Ordentliche Mitglieder	**Stellvertreter**
Fraktion der CDU/CSU	**Fraktion der CDU/CSU**
Jochen-Konrad Fromme	Peter Altmaier
Dr. Günter Krings	Dr. Karl-Theodor zu Guttenberg (BReg)
Dr. Thomas de Maizière (BReg)	Dr. Wolfgang Götzer
Dr. Wolfgang Schäuble (BReg)	Dr. Michael Meister
Antje Tillmann	Dr. Norbert Röttgen
Fraktion der SPD	**Fraktion der SPD**
Volker Kröning	Ingrid Arndt-Brauer
Petra Merkel (Berlin)	Klaas Hübner
Peer Steinbrück (BReg)	Fritz Rudolf Körper
Dr. Peter Struck	Joachim Poss
Joachim Stünker	Ortwin Runde
Brigitte Zypries (BReg)	Bernd Scheelen
Fraktion der FDP	**Fraktion der FDP**
Ernst Burgbacher	Christian Ahrendt
Dr. Volker Wissing	Otto Fricke
Fraktion DIE LINKE.	**Fraktion DIE LINKE.**
Bodo Ramelow	Dr. Axel Troost
Fraktion BÜNDNIS 90/DIE GRÜNEN	**Fraktion BÜNDNIS 90/DIE GRÜNEN**
Fritz Kuhn	Alexander Bonde
Endsandte Mitglieder des Bundesrats	
Ordentliche Mitglieder	**Stellvertreter**
Baden-Württemberg	**Baden-Württemberg**
Günther H. Oettinger	Willi Stächele
Bayern	**Bayern**
Horst Seehofer	Georg Fahrenschon
Berlin	**Berlin**
Klaus Wowereit	Thilo Sarrazin
Brandenburg	**Brandenburg**
Rainer Speer	Johanna Wanka
Bremen	**Bremen**
Jens Böhrnsen	Hubert Schulte

Hamburg	**Hamburg**
Ole von Beust	Robert Heller
Hessen	**Hessen**
Roland Koch	Karlheinz Weimar
Mecklenburg-Vorpommern	**Mecklenburg-Vorpommern**
Erwin Sellering	Reinhard Meyer
Niedersachsen	**Niedersachsen**
Christian Wulff	Hartmut Möllring
Nordrhein-Westfalen	**Nordrhein-Westfalen**
Jürgen Rüttgers	Helmut Linssen
Rheinland-Pfalz	**Rheinland-Pfalz**
Ingolf Deubel	Heinz Georg Bamberger
Saarland	**Saarland**
Peter Müller	Peter Jacoby
Sachsen	**Sachsen**
Stanislaw Tillich	Geert Mackenroth
Sachsen-Anhalt	**Sachsen-Anhalt**
Wolfgang Böhmer	Jens Bullerjahn
Schleswig-Holstein	**Schleswig-Holstein**
Peter Harry Carstensen	Uwe Döring
Thüringen	**Thüringen**
Birgit Diezel	Michael Haußner
Vertreter der Landtage	
Mitglieder	Abwesenheitsvertreter
Martin Kayenburg	Matthias Rößler
Ralf Stegner	Wolfgang Drexler
Winfried Kretschmann	Volker Ratzmann
Jörg-Uwe Hahn	Martin Lindner
Vertreter der Kommunen	
Christian Ude	
Christian Schramm	
Hans-Jörg Duppré	

Quelle: Deutscher Bundestag (Beteiligte zu Beginn der Föderalismuskommission II).

7.2 Anhang 2 – Sachverständige

Sachverständige Bundestagsbank	Funktion
Fraktion der CDU/CSU	
Clemens Fuest	Universität zu Köln, Seminar für Finanzwissenschaft
Bernd Huber	Ludwig-Maximilians-Universität München, Volkswirtschaftliches Institut
Jürgen Kröger	Direktor für wirtschaftliche Studien und Forschung bei der EU-Kommission, Brüssel
Fraktion der SPD	
Kai A. Konrad	Freie Universität Berlin, Institut für öffentliche Finanzen und Sozialpolitik, Wissenschaftszentrum Berlin für Sozialforschung
Hans Meyer	Humboldt-Universität zu Berlin, Juristische Fakultät
Helmut Seitz	Technische Universität Dresden, Lehrstuhl für Empirische Finanzwissenschaft und Finanzpolitik
Fraktion der FDP	
Charles Beat Blankart	Humboldt-Universität zu Berlin, Wirtschaftswissenschaftliche Fakultät
Fraktion DIE LINKE.	
Benjamin-Immanuel Hoff	Staatssekretär, Senatsverwaltung für Gesundheit, Umwelt und Verbraucherschutz, Berlin
Fraktion BÜNDNIS 90/DIE GRÜNEN	
Christian Müller	Eidgenössische Technische Hochschule, Zürich, KOF-Konjunkturforschungsstelle
Bundesratsbank	**Funktion**
Lars P. Feld	Philipps-Universität Marburg, Abteilung Finanzwissenschaft
Ulrich Häde	Europa-Universität Viadrina Frankfurt (Oder), Lehrstuhl für Öffentliches Recht
Gebhard Kirchgässner	Professor für Volkswirtschaftslehre und Ökonometrie an der Universität St. Gallen
Stefan Korioth	Universität München, Institut für Politik und Öffentliches Recht
Thomas Lenk	Universität Leipzig, Institut für Finanzen
Wolfang Renzsch	Otto-von-Guericke-Universität Magdeburg, Institut für Politikwissenschaft
Joachim Wieland	Johann-Wolfgang-Goethe-Universität, Frankfurt am Main, Institut für Öffentliches Recht, Finanz- und Steuerrecht

Vertreter der Landtage	Funktion
Hans-Peter Schneider	Deutsches Institut für Föderalismusforschung e.V., Hannover

Vertreter der kommunalen Spitzenverbände	Funktion
Martin Junkernheinrich	Westfälische Wilhelms-Universität Münster, Professur für Kommunal- und Regionalpolitik

Sachverständigenrat	
Bert Rürup	Vorsitzender des Sachverständigenrates zur Begutachtung der gesamtwirtschaftlichen Entwicklung
Wolfgang Wiegard	Mitglied des Sachverständigenrates zur Begutachtung der gesamtwirtschaftlichen Entwicklung

Quelle: Deutscher Bundestag.

7.3 Anhang 3 - Schaubilder

Abbildung 1: Öffentliche Verschuldung der Bundesrepublik Deutschland

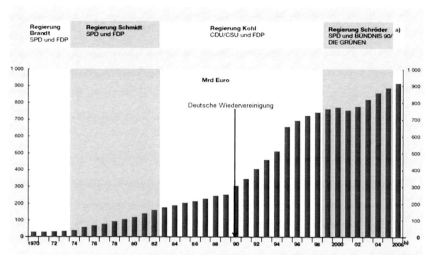

Quelle: Statistisches Bundesamt, Staatsverschuldung wirksam begrenzen. Expertise im Auftrag des Bundesministers für Wirtschaft und Technologie, Wiesbaden 2007. Pfeil und Schriftzug eigene Bearbeitung.

Abbildung 2: Öffentliche Verschuldung der Schweiz vor und nach der Einführung der Schuldenbremse

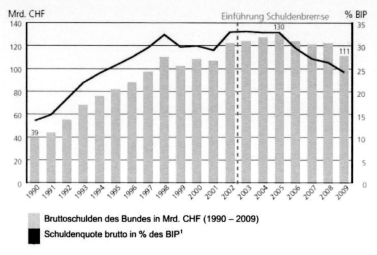

Quelle: Schweizer Botschaft in Deutschland, Die Schuldenbremse in der Schweiz.

Abbildung 3: Modellverlauf eines Konjunkturzyklus

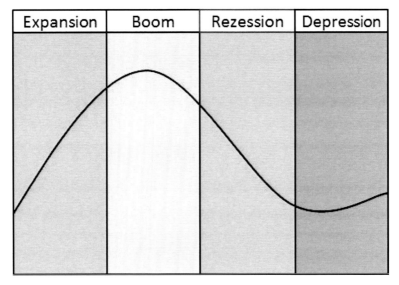

Eigene Darstellung.

Abbildung 4: Konzept eines ausgeglichen Budgets über einen Konjunkturzyklus

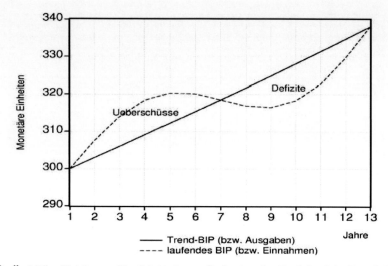

Quelle: Müller, Christian u.a., Eine Schuldenbremse für den deutschen Bundeshaushalt., Kommissionsdrucksache 038.

Hinweise an den Autor

Diese Untersuchung ist das Werk vieler Stunden ausführlicher und gründlicher Recherche. Dennoch kann es bei aller Sorgfaltspflicht passieren, dass es zu Fehlern kommt. Über Hinweise und Korrekturvorschläge freut sich der Autor. Diese können per E-Mail direkt gerichtet werden an buero@gerginov.com.